Ilse Rendtorff

NATURMEDITATIONEN

Ilse Rendtorff

Naturmeditationen

Heilung für Mensch und Erde

von den ersten Schritten
bis zur tiefen Erfahrung

Mit einem Vorwort
von
Marko Pogačnik

NEUE ERDE

1 2 3 4 5 6 7 12 11 10 09 08 07 06 05 04 03 02 01 00 99

Ilse Rendtorff
Naturmeditationen

Deutsche Originalausgabe

Titelseite:
Foto: Harald Theissen/Bavaria Bildagentur
Gestaltung: Dragon Design, GB
Satz und Typographie: Dragon Design, GB
Gesetzt aus der Galliard
Gesamtherstellung: Legoprint, Lavis

Printed in Italia

ISBN 3-89060-026-3

NEUE ERDE Verlag GmbH
Rotenbergstr. 33 · D-66111 Saarbrücken
Deutschland · Planet Erde

Es müßte geschehen:
ein Denken des Friedens von Grund aus,
wahrhaftig in jeder Faser.

Reinhold Schneider

In mir ist die
Schönheit, Ordnung und Harmonie
wieder hergestellt worden.

Navajo-Gebet

Inhalt

TEIL II: MEDITATIONEN

Alle Meditationen und Lieder sind, wenn nicht anders vermerkt, meine eigenen Kreationen.

Vorwort

von Marko Pogačnik

Nachdem der Mensch seine ursprüngliche Verbundenheit mit den Naturwelten verloren hat, kann er sie nicht mehr beliebig, einfach nach Wunsch, zurückerlangen. Wir haben inzwischen unsere natürliche Beziehung zur Erde herabgewürdigt, profaniert und ihre Potentiale verschwendet. Nun, um sie auf einer neuen Ebene wieder aufzubauen, gilt es, bewußt die Wege zur Wiederverbindung einzubahnen, dabei eigene schöpferische Talente zu erwecken und unentwegt zu suchen. Der Erfolg ist nur dann denkbar, wenn das Wiederverbinden mit der Erde und der Natur durch das Zusammenfinden der zerstreuten Teile unserer selbst komplementiert wird.

Das Buch von Ilse Rendtorff bietet viele Möglichkeiten an, an den erwähnten Prozessen zu arbeiten, sei es persönlich oder als Teil einer Gruppe. Die vorgeschlagenen Meditationen und Übungen können einen inspirieren, den eigenen Weg zur Wiedereinbindung auf den verschiedenen Ebenen zu finden. Nur zögern sollte man nicht und sich in Gedankenmustern verlieren. Es braucht einen kreativen und tätigen Beitrag seitens vieler Einzelmenschen, um unsere Zivilisation in neue Bahnen überzuleiten.

Srakane, am 8.9.1998
Marko Pogačnik

TEIL I

MEDITATION ALS LEBENSQUALITÄT

1. EINLEITUNG

Dies Buch ist eine Anleitung zum Meditieren und zur Weiterentwicklung der eigenen meditativen Praxis. Es zeigt Wege auf zum Heilwerden, zu körperlichem und geistigem Wohlbefinden. Es möchte dazu beitragen, daß Sie sich selber besser verstehen lernen und daß Sie einen tieferen Zugang zur Natur entdecken. Und letztlich geht es darum, ein Gespür zu entwickeln für den Tanz des Lebens, für das Miteinander von Mensch und Natur, von kosmischen und elementaren Kräften.

Meditationen haben auf diesem Weg zu uns selbst die Bedeutung, daß wir erst einmal zur Ruhe kommen, um die leisen Stimmen in uns und um uns zu hören und das Strömen verborgener Lebenskräfte spüren zu lernen. Ich gebe dazu eine Vielfalt von kurzen und von langen Anleitungen, beginnend mit einfachen Atemmeditationen. Es ist mir ein Anliegen, daß auch Menschen, die noch keine Erfahrung im Meditieren haben, Anleitung und Hilfe finden, es zu lernen. Für Meditationserfahrenere gibt es ebenfalls viel zu entdecken, hoffe ich. Und auch für Gruppenrituale finden sich Anregungen zum Feiern mit und in der Natur.

In der Darbietung des Stoffes habe ich mich einerseits um Einfachheit bemüht, so daß auch Neuanfangende verstehen, worum es geht. Einige Passagen wenden sich aber stärker an Menschen, denen sich beim Vorangehen in der meditativen Erfahrung kompliziertere Fragen gestellt haben. Wer möchte, kann solch ein Kapitel erst einmal überschlagen und zu den Meditationsanleitungen im 2. Teil des Buches übergehen.

Meditation, wie sie heute und hier, d. h. in unserem westlichen Kulturkreis praktiziert wird, geht auf uralte Traditionen und Erfahrungen zurück. Wir können von den östlichen Kultformen lernen, von den tibetischen Buddhisten, den Zen-Buddhisten, von hinduistischen Lehrern, von den Sufis, um nur einige der wichtigsten zu nennen. Ebenso lernen wir von den indianischen Traditionen. Auch die meditative Tradition unseres Kulturkreises, die christliche Mystik, erschließt uns ihren Reichtum wieder neu.

Zu den alten kommen neue Meditationsformen, die Altes aufgreifen und es kreativ neu gestalten. Weithin bekannt ist etwa das heute viel praktizierte Autogene Training. Dazu kommen Bewegungsmeditationen wie Yoga, Tai Chi und Qi Gong sowie meditatives Tanzen und Singen. Bücher, Seminare, Kassetten und regelmäßige Gruppen bieten sich an, uns in die verschiedenen Formen der Meditation einzuführen. Sie nehmen uns an die Hand und leiten uns auf dem Weg zur Entspannung, zu vertieftem Bewußtsein und zur inneren Ruhe.

Diese Schrift möchte ich in den Kreis solcher Hilfen einreihen. Dabei biete ich nur das dar, was ich selber allein und mit Gruppen praktiziere, also nur einen Ausschnitt aus den möglichen Formen.

Mein besonderes Anliegen ist die intensive Zuwendung zur Natur und zu den Elementen der Erde. Es ist eine ausgeprägt geerdete Form des Meditierens. Die Verbindung zu den hohen Bereichen des Seins wird in Begriffen ausgedrückt, die es jedem ermöglichen, die eigene Nähe oder Distanz zum Göttlichen oder zu Gott zu finden und zu wahren. Das wird meiner Erfahrung nach dem heutigen Bedürfnis spirituell suchender Menschen am ehesten gerecht. Es entspricht dem Stand hoher individueller Differenzierung, in dem wir leben. Einmal gibt es sehr unterschiedliche Wahrnehmungen der kosmischen Ebenen, dazu tritt oft der Wunsch, sich von traditionellen Glaubensmustern zu distanzieren. Ich habe mit dem undogmatischen Zulassen unterschiedlicher Wahrnehmungs- und Ausdrucksformen gute Erfahrungen gemacht.

Die naturverbundene Spiritualität, der ich mich im Laufe meines Lebens mehr und mehr zugewendet habe, ließe sich als moderne Naturmystik bezeichnen. Ganz klar sei hier der Begriff Mystik von dem etwas ähnlich klingenden der Mythologie abgegrenzt.

Ken Wilber zeichnet in seinem neuesten Buch »Eros – Kosmos – Logos« die Kulturgeschichte der Menschheit auf. Er weist den Mythologien ihren Ort im gesellschaftlichen Übergang von den Stammesgruppen zu größeren Staatsgemeinschaften zu. Die Völker fanden ihre Identität und ihren Zusammenhalt im Glauben an mythische Gottheiten und in der Unterordnung unter Könige und Fürsten, die unmittelbar von diesen Gottheiten ihre Macht erhalten hatten.

Heute nun stehen wir am Ende einer Ära, die nach der großen Ablösung von mythischen Weltbildern durch die Renaissance und die Aufklärung das rationale wissenschaftliche Vernunftdenken zur Maxime erhoben hat. Daß diese Ära an eine Grenze gekommen ist, in der Fortschritt und »Weiter so!« nicht mehr für die Lösung der brennenden gesellschaftlichen Fragen ausreicht, liegt auf der Hand.

Ken Wilber zeigt auf, daß eine kommende große Umorientierung der Kultur, die der Erde wieder Hoffnung gibt, in einer neuen Hinwendung zur Mystik liegen kann. Er redet nicht von einem Zurück. Vielmehr geht es, im Bild der Spirale oder Wendeltreppe ausgedrückt, um die Wiederaufnahme alter Erfahrungen von einer höheren Warte aus. Ich schließe mich dieser Hoffnung an. Was wir neu entdecken können, ist eine Erweiterung unseres Bewußtseins zu tiefen Einsichten und hohen Seinserfahrungen. Wir können und müssen dabei alle Fähigkeiten unserer rationalen Vernunft einbringen und weiterentwickeln. Aber sie sind nicht mehr das Ende unserer Möglichkeiten. Denn sie reichen nicht aus, um eine neue Menschlichkeit zu entfalten. Allerdings gibt sich Wilber keinen Illusionen hin, daß es massive Widerstände gegen diese Transformation geben kann. Solche Widerstände haben jeden gesellschaftlichen Umbruch begleitet. »Vielleicht kommt das Zeitalter des wahrhaft universalen Menschen, eine transpersonale Morgendämmerung nicht nur bei ganz wenigen Einzelnen, sondern um sich greifend wie einst das Magische, das Mythische und das Mentale, um schließlich zum Zentrum der gesellschaftlichen Organisationskräfte zu werden.(...) Homo universalis: die Integration der Physiosphäre, Biosphäre und Noosphäre (Materie, Leben und Geist) in jedem einzelnen, und nicht als Theorie, sondern als bewußt wahrgenommene Identität.

Aber vielleicht kommt es auch nicht so. Mir scheint zwar, daß die Intuitionen der Über-Seele (eines erweiterten kosmischen Bewußtseins, I.R.) bei immer mehr Menschen überall auf der Welt an Häufigkeit und Tiefe zunehmen. (...) Aber wie immer müssen wir die als Möglichkeit gegebene Zukunft noch selbst herstellen. (a.a.O. S. 574/575)

Mein Beitrag dazu ist die bei Wilber nicht so explizit gegebene Wiederentdeckung unserer Verbindung zur lebendigen Natur. Auf dem Wege der Naturmystik möchte ich, und das sehe ich als weiblichen Beitrag an, die Zentrierung in der Herzenskraft der Liebe stärker in den Mittelpunkt des erstrebten Welt- und Lebensbildes stellen.

Als Meditationsform verwende ich die angeleitete Meditation. Sei es, daß Sie meiner Anleitung folgen, sei es, daß Sie bereits selber ihren inneren Weg anleiten. Immer ist es ein Zusammenwirken von innerer Stille und wachem Bewußtsein. Dolores La Chapelle sagt dazu: »Stille ist völliges Gewahrsein und völliges Leben.« »Bewußtsein ist Gewahrsein von immer mehr Wechselbeziehungen.« (»Weisheit der Erde«, S. 330 u. 295) Um das Erfahren dieser Wechselbeziehungen geht es in einem großen Teil der folgenden Meditationen. Unsere Beziehung zu allem Lebendigen, zu Himmel und Erde und zu unserer eigenen Persönlichkeit kann dabei als ein lebendiges Strömen erfahren werden.

Oft werden Sie erleben, daß die so geführte Meditation in einer tiefen inneren Stille ausklingt. Dann tritt die Seele in Räume ein, in denen das Wachbewußtsein sich schweigend höheren Bewußtseinsebenen öffnet.

Wenn ich von Energien aus den Sphären des Lebens spreche, die wir mit dem Wort Himmel vage benennen, so nenne ich sie oft kosmische Energien. Ich meine damit mehr als die Energien des Weltraums, in den unsere Raumfahrt heute so kühn vordringt. Ich spreche von der Gesamtheit der Energien aus transpersonalen Ebenen. Wir wissen sehr wenig über ihre unendlich differenzierte Vielfalt. Aber wir leben von und mit diesen Energien, ob wir es wissen oder nicht. Ich gehe darauf im Kapitel über die Ebenen des Seins näher ein.

Die ersten und die kleinen Schritte

Laufenlernen ist für das kleine Kind eine bedeutende Leistung. Die ersten wenigen schwankenden Schritte ohne festen Halt, was für einen Mut erfordern sie! Aber wenn der Anfang gemacht ist, wird der kleine Mensch von Tag zu Tag sicherer. Mit dieser Lernerfahrung können wir unseren Weg zum selbständigen Meditieren vergleichen. Wie beim Laufenlernen verbindet sich der eigene Wunsch, weiterzukommen, mit der Beobachtung und Nachahmung der gesammelten Erfahrungen der Menschen, die das, was wir suchen, schon »können«.

Allerdings ist es nicht meine Absicht, eine geschlossene Meditationsform zu lehren. Vielmehr möchte ich Sie, die Leserin und den Leser, dabei unterstützen, Ihre ganz eigene Meditationsform zu entwickeln. Wenn Sie erst beginnen, möchte ich Sie sozusagen zum Laufenlernen ermutigen. Denn der Schritt von der angeleiteten oder vorgegebenen Meditationsform zum eigenen Gestalten ist nicht so leicht. Deshalb stellt dieses Buch ein reiches Angebot von Meditationselementen vor, aus denen Sie die Ihnen gemäße Form entwickeln können.

Es berücksichtigt dabei besonders, und das ist mein weiteres Anliegen, daß sehr vielen Menschen die Zeit und Kraft zu regelmäßigen längeren Meditationen fehlt. Die alltäglichen Pflichten und das darauf folgende Ruhebedürfnis bilden zusammen oft eine Hemmschwelle, die das regelmäßige Meditieren verhindert. Für diese Situation möchte ich nun kurze und leicht zugängliche Formen der Meditation zeigen, die eher in den alltäglichen Tagesrhythmus aufzunehmen sind, auch wenn Sie nur ein paar Minuten dafür zur Verfügung stellen können oder wollen.

Die Forderung, täglich und diszipliniert zu meditieren, die mit vielen Meditationsformen verbunden wird, verliert dadurch nichts von ihrer Bedeutung. Wer die wohltuende Wirkung von Meditationen erlebt hat und wer tiefer in den Weg einer geistigen Entwicklung hineingehen will, wird die eigene Meditationspraxis ausdehnen und die angewandte Disziplin zur Erreichung des erstrebten Ziels verstärken. Aber der Wunsch nach innerer Ruhe, das Bedürfnis nach mehr Erdung und geistiger Erfahrung ist bei vielen Menschen vorhanden, in deren Leben noch so viel anderes Aufmerksamkeit und Zeit erfordert, daß der gute Vorsatz zu einer intensiveren Praxis dabei auf der Strecke bleibt. Hier möchte ich Anregungen geben, durch kleine wirkungsvolle Schritte etwas vom großen Reichtum der meditativen Kräfte ins Hier und Jetzt hineinzunehmen.

Wer die verschiedenen hier vorgestellten Elemente ausprobiert, wird nach kurzer Zeit merken, was ihm oder ihr besonders »liegt«, zu welcher Meditationsform sie den besten Zugang hat. So kann jeder experimentierend, variierend und gestaltend gehen lernen auf dem Weg zu einem reicheren und zufriedeneren Lebensgefühl.

2. Was ist das, Meditieren?

Läßt sich das in kurzen Worten erklären?

Meditation läßt sich genauso präzise beschreiben wie Liebe. Was ist Liebe? Unendlich variationsreich ist sie. Sie kann uns als ein kaum wahrnehmbarer Hauch berühren, als ein Sturm, der alles Bisherige wegfegt, oder als eine lebenslange ruhige Kraft. Und damit sind nur wenige ihrer Ausdrucksformen angedeutet. So viele Worte über Liebe auch gesagt, geschrieben und gesungen werden, was zählt, ist allein die Erfahrung, die Erfahrung, zu lieben und geliebt zu werden.

All diese Kriterien der Liebe gelten auch für die Meditation. Sie ist unendlich variationsreich. Ganz alltägliche, bescheidene Erfahrungen, überwältigende Gipfelerlebnisse umfaßt sie und vieles, was dazwischen liegt. Worte sind zwar notwendig, um sich der Meditation zu nähern und in diesen Erfahrungsraum hineinzugehen. Aber was Meditation ist, läßt sich nur erfahren.

Manchmal wird von Kritikern der Meditation gesagt, der Erfahrungsbereich der Meditation sei so subjektiv, daß er sich jedem Beweis entzöge. Das trifft nicht zu. Unser heutiges wissenschaftliches Denken fordert, daß etwas, um von Belang zu sein, bewiesen werden muß. Was heißt das? Es bedeutet, daß es möglich sein muß, daß Menschen vergleichbare Erfahrungen machen und daß sie über diese Erfahrung in Austausch treten können. Dieser Austausch nun ist in jeder wissenschaftlichen Disziplin nur möglich zwischen Menschen, die etwas von der Materie verstehen. Jemandem, der keinerlei mathematische Kenntnisse hat, kann ein Mathematiker nichts beweisen.

Das ist der Grund, aus dem Menschen, die meditieren und die von hohen meditativen Erfahrungen sprechen, häufig auf Unverständnis stoßen und erleben, daß ihre Erfahrung belächelt und nicht ernstgenommen wird. Ihren Kritikern fehlt ganz einfach die Erfahrung, die ihnen gestatten würde, zu verstehen, wovon bei den bereits vorliegenden umfangreichen Untersuchungen über die Wirkung von Meditation die Rede ist. Je mehr Menschen Meditationserfahrungen haben, umso mehr wird diese wunderbare Möglichkeit der inneren Entfaltung öffentliche Anerkennung finden.

3. Was will ich durch Meditieren erreichen?

Heilung

Es kann sein, daß Meditation uns spontan eine starke Hilfe bringt und uns bei der Überwindung akuter körperlicher und emotionaler Probleme unterstützt. Aber es ist auch möglich, daß wir in der Hoffnung auf solche Unterstützung eine ganze Weile meditieren, ohne viel Wirkung zu verspüren. In jedem Fall hat Meditation langfristig aber eine tiefgreifende heilende Wirkung. Sie ist das ausgeprägteste Gegengewicht zu der Hektik, Kopflastigkeit und Oberflächlichkeit, die heute das Leben in unserer Gesellschaft bestimmen.

Ich möchte einige der wichtigsten Wirkungen nennen.

Meditieren macht uns innerlich ruhiger, im alltäglichen Streß gelassener und vermittelt körperliche Entspannung. Meditierend wenden wir uns uns selber zu und geben uns damit selber Liebe und Zuwendung, nach der sich unser Inneres so sehr sehnt. Durch diese Stärkung unseres Inneren Selbst bekommen wir den Mut, unsere Ängste und dunklen Anteile anzusehen. Und das ist eine entscheidende Vorbedingung für unsere Heilung und innere Stabilisierung. Meditation bleibt nicht beim Diagnostizieren stehen. Sie beinhaltet Möglichkeiten, etwas von unseren alten Schmerzen aufzulösen und loszulassen. Sie hat unmittelbare Heilwirkung. Dabei bedeutet Heilwerden nicht immer das Abstoßen dessen, was uns belastet. Manches brauchen wir gar nicht loszulassen. Wir können Kräfte in uns aus der versteckten Destruktivität lösen und zu konstruktiven Kräften umwandeln. Aus Aggression und Depression kann Kraft werden, die uns und andere stärkt, aus Schmerzen entfaltet sich tiefes Verständnis und Mitgefühl, aus diffuser Sehnsucht die Kraft voranzugehen.

Diese Wirkungen möchte ich etwas näher erklären. Unser physischer Körper ist ein elektromagnetisches Schwingungsfeld. Darüberhinaus bilden unsere Gefühle einen intensiven Schwingungskörper. Die Naturwissenschaft, vornehmlich die Schulmedizin, weiß über die Natur dieser feinstofflichen Schwingungen noch wenig Genaues. Aber die Wirkung emotionaler Schwingungen auf den Körper ist in ihrer krankmachenden wie heilenden Wirkung inzwischen nicht mehr zu leugnen. Die feinstofflichen emotionalen Schwingungen werden durch das Meditieren beeinflußt. Blockaden werden aufgelöst, der Fluß wird verstärkt und reinigende Prozesse werden in Gang gesetzt.

Damit sind erst einmal einige der innermenschlichen Wirkungen beschrieben.

Nun ist es aber eine der schwersten Störungen unseres heutigen kollektiven Bewußtseins, daß wir jeden Menschen als ein in sich geschlossenes und von der übrigen Welt isoliertes Wesen sehen. In dieses Bewußtsein hinein erziehen wir unsere Kinder. Diese Illusion ist der Ursprung vieler Krankheiten und emotionaler Probleme. Sie kann in der Meditation aufgelöst werden. Wir können Schritt für Schritt wieder Zugang finden zu dem ursprünglichen Bewußtsein, daß alle Lebewesen auf diesem Planeten miteinander verbunden sind. Und daß diese Verbindung nicht ihre Grenze findet im Rund der Erdatmosphäre. Die Erde mit allem Leben ist untrennbar mit den kosmischen nahen und fernen Strömen und Strahlungen verbunden.

Diese Strahlungen und energetischen Ströme können dazu beitragen, daß wir die niederdrückenden Kräfte in uns befreien können. Durch den Kontakt mit den hohen Schwingungsfrequenzen werden unsere Lebensenergien erhöht. So bekommt etwa eine niedrige herabziehende Schwingung, die sich in Selbstmitleid und im Reiben an den Fehlern der anderen erschöpft, durch das Einfließen von kosmischer

Heil- und Liebesenergie und durch den Strom stärkender Kraft der Erdvitalität eine andere Färbung, eine andere Frequenz. Wir können freier atmen und quälende Gefühle loslassen, die wir nicht mehr brauchen. Die ursprüngliche Kraft in uns findet einen helleren Ausdruck.

Vieles können wir umwandeln. Nur eins taugt zu nichts anderem, als es loszulassen, das ist Angst. Unsere ganze Kultur und Erziehung ist von Angst durchsetzt und geprägt. Diesen enormen Ballast und Kraftverschleiß loszuwerden, ist eine der wichtigsten Aufgaben der Meditation. Angst kann auf Kindheits- und Lebenserfahrungen ebenso beruhen wie auf alten Erfahrungen, die unser Emotionalkörper aus früheren Leben gespeichert hat. Es ist eine niedrige, starke Schwingung. Und viele Menschen halten ihre Ängste leidenschaftlich fest. Das tun sie aus Angst, weil sie den leidvollen Zustand, in dem sie sich befinden, kennen. Was aber kommt, wenn sie ihn loslassen, ist unbekannt und darum bedrohlich. Und da diese Zustände festgehaltener Ängste so weit verbreitet sind, halten unsere Umgangsformen ein ganzes Arsenal von Verhaltensweisen bereit, hinter denen wir unsere Ängste verbergen können. Konsum- und Luxusindustrie profitieren ebenso davon wie die Medien der verschiedensten Art. Hinter so mancher Maske der Überlegenheit und Macht steckt Angst. Aber leider auch hinter vieler emsiger Fürsorglichkeit.

Über dieses Thema gibt es natürlich noch viel zu sagen. Aber das ist nicht Aufgabe dieses Buches. Was Meditieren für die Überwindung von Angst bedeutet, ist mit diesen Zeilen, hoffe ich, hinreichend deutlich geworden. Die beschützende Geborgenheit, die wir in der Meditation erleben können, hilft uns, unsere Ängste anzusehen. Das ist der erste Schritt zu ihrer Überwindung. Je mehr wir in uns selber ruhen und in Verbindung stehen mit den Kräften der Natur und des Kosmos, umso eher können wir uns von unseren Ängsten trennen.

Zuwendung zum eigenen Körper

Eine Besonderheit der Meditationsform, die ich praktiziere und lehre, ist die intensive Zuwendung zum eigenen Körper. Das hat etwas zu tun mit der Zielsetzung der Meditationen und darüber hinaus mit der Zielsetzung des Lebens. Ken Wilber zeigt in seinem neuesten Buch [(18)] auf, daß die großen Epochen der westlichen Kultur sich unterscheiden lassen in Aufstiegs- und Abstiegskulturen. Im gesamten Mittelalter war der Aufstieg das Ziel, das Bemühen, die ewige Seligkeit zu erlangen. Mit der Renaissance und der Aufklärung wendete sich das Interesse dem Leben hier auf der Erde zu. Wissenschaft, Moral und Kunst waren fast ausschließlich auf das Diesseits gerichtet. Allein die Religion hatte sich in ihrem Rahmen um das Jenseits zu kümmern. Jede dieser Kulturrichtungen, so argumentiert Wilber, nehmen nur die Hälfte der menschlichen Möglichkeiten wahr.

Was sich heute im neuerwachten Interesse an spirituellen Lebensformen entwickelt, ist die Erkenntnis, daß wir hier auf der Erde leben können mit all unseren Sinnen, mit Freude an unserem Körper und an der Schönheit des Lebens. Und daß wir zugleich den Kontakt suchen mit den transpersonalen Ebenen, mit dem Kosmischen, dem Göttlichen.

Dabei müssen wir feststellen, daß unsere Fähigkeit völlig unterentwickelt ist, den eigenen Körper, unsere Sinne aufmerksam wahrzunehmen. Wie ist es dazu gekommen? Schule und Betriebe sind heutzutage so eingerichtet, daß wir ihren Regeln nur gerecht werden können, wenn wir nicht auf unseren Körper hören. Und in der Freizeit, im Auto etwa und vor dem Computer und Fernseher, wird dieses Ignorieren der Körpersignale weiter fortgesetzt. Das heißt, wir müssen es richtig üben, uns unserem Körper zuzuwenden, ihn erst einmal wahrzunehmen und dann auch zu verstehen, was für Signale er uns sendet, was er braucht. Denn nur, wenn unser Körper sich wohlfühlt, können wir uns als ganze Person auf dieser Erde glücklich fühlen. Nur dann können wir alles tun, um unsere Gesundheit zu erhalten oder wiederzuerlangen. Aus diesem Grunde rege ich dazu an, dem Körper in der Meditation liebevolle Aufmerksamkeit zu widmen.

Zuwendung zur Natur

Das Wort Zuwendung beschreibt einen Vorgang unserer dualen Lebensgewohnheiten. Ich, das Subjekt, wende mich einem Objekt zu. Wenn wir uns in der Meditation der Natur in diesem Sinne zuwenden, so ist das nur ein erster Schritt. Darin wende ich, der Mensch, mich z.B. in einer Atemmeditiation der Erde zu, atme in ihre Tiefe hinein und stelle mir meine Verbindung zur Erde wie ein Wurzelgeflecht vor.

Nach diesem ersten Schritt verlassen wir das Muster dualer Getrenntheit in Subjekt und Objekt. Denn es ist nur ein menschliches Vorstellungsmuster, das darauf hinausläuft, daß wir in unserem Körper in einem isolierten Ich leben. Tatsächlich sind wir keinen Augenblick oder, besser gesagt, keinen Atemzug lang von unserer Verbindung mit den Elementen abgetrennt. Unser Körper, der aus Erde, Wasser, Luft und Wärme besteht, kann nur im ständigen Austausch von Materie, im Geben und Nehmen mit der Natur leben. Über diesen einfachen Austausch hinaus findet jedoch auf der emotionalen Ebene, der Astralebene, ein vielschichtiges Miteinander-Schwingen statt.

In unserer Kultur ist das Wahrnehmen und bewußte Ausleben dieser ungetrennten Verbindung zur Natur fast völlig in Vergessenheit geraten. Wir nehmen und geben auf der rein funktionellen Stufe, ohne die Gaben in Freundschaft, lebendigem Austausch und Dankbarkeit zu genießen.

Mir selber hat sich mit der Wiederentdeckung der lebendigen Verbindung zur Natur eine solche Quelle von Freude und Trost eröffnet, daß ich nur zu gern diese Erfahrungsebene auch für andere Menschen erschließe. Ein kleines Beispiel dafür möchte ich hier einflechten.

Ich war vor zehn oder mehr Jahren auf einem esoterischen Kongreß zu einer Zeit, in der ich mich sehr einsam fühlte. Die Zuhörerschaft saß in Stuhlreihen hintereinander. Es gab so gut wie keine Veranstaltung, die zur Kommunikation einlud. Und ich war zu sehr in meinem depressiven Schneckenhaus, um in den Pausen Kontakte zu knüpfen. So war ich am Ende recht frustriert. Als Schlußzeremonie wurden dann zwei große Tanzkreise gebildet. Die Kreise zogen in gegenläufiger Richtung aneinander vorbei. Und so fand (zum ersten Mal in den vier Tagen) eine Begegnung mit Blickkontakt statt. Dazu sangen wir das Lied: »Listen to my hearts go. I'll never forget you, I'll never forsake you«. Ich empfand das wie einen Hohn, denn ich war sicher, daß mich all diese Menschen, und ich sie, in wenigen Stunden verlassen und vergessen würde/n. Ich sann darüber nach, daß im Grunde kein Mensch einem anderen mit Sicherheit zusagen kann, daß er ihn nie verlassen und vergessen wird.

Wenige Zeit später war ich in meinem schönen alten Garten. Wieder plagte mich die Einsamkeit bis zu Tränen. Da sang es plötzlich in mir oder eher um mich: »Listen to my hearts go. I'll never forget you, I'll never forsake you.« Wer sang da? Es war niemand da, der mir diesen Trost zusprechen wollte. Ich sah mich um und hatte das tiefe Gefühl, daß meine Apfelbäume das Lied sangen. Ich ging und umarmte einen alten Apfelbaum. Ein Strom von Wärme durchfloß mich. Und ich begriff, daß das eine Realität ist. Solange ich auf der Erde lebe, werden Bäume da sein, die ich umarmen kann. Blumen werden da sein, deren Farben mich entzücken. Himmel wird da sein und Wasser zum Baden. Ich würde niemals mehr einsam sein, solange ich die Verbindung zu dieser tröstenden Nähe der Natur als lebendig erleben konnte.

Im folgenden Text und in den Meditationsanleitungen wird von dieser Verbindung häufig die Rede sein.

Erleuchtung

Bisher habe ich von der heilenden Wirkung der Meditation gesprochen. Ein weiter gestecktes uraltes Ziel des meditativen Lebens wird »Erleuchtung« genannt. Was steckt hinter diesem sehr esoterischen Ausdruck? Er spricht das tiefe innere Wissen und die verborgene Sehnsucht des Menschen an, daß diese Form von Leben, die wir vor Augen haben, nicht allein Ziel und Sinn des Menschseins ist. Immer wieder begegne ich Menschen, alten ebenso wie jungen, denen die allgemein anerkannten Ziele, Beruf, Erfolg, Beziehungsglück nicht mehr als Lebensziele ausreichen, auf die sie zustreben. Der innere Weg zu tieferem Verstehen, zu höheren Bewußtseinsebenen, zu reiner Liebe und Klarheit wird das Wichtigste für sie. Solches Sehnen führt Menschen auf den Weg zur Erleuchtung. Dabei gibt es vor allem in den Religionen des Ostens die Erfahrung, daß langes intensives geistiges Bemühen zum plötzlichen, überwältigenden Erlebnis der Erleuchtung führen kann.

In meinen Meditationen steht dieses Ziel nicht im Mittelpunkt. Aus dem vorigen Absatz wurde ja deutlich, daß es erst einmal um ein Ja zu diesem Leben geht. Wir brauchen aber das, was Erleuchtung im Tiefsten meint, deshalb nicht ganz aus den Augen zu verlieren. Ich verbinde vielmehr mit der wunderbaren Erfahrung, die in dem Wort Erleuchtung aufscheint, einen Prozeß, das Unterwegssein zum Licht. Und je mehr Licht, je mehr Liebe und Weisheit wir in uns entfalten können, umso heller fühlen wir uns. Und so erleben wir auch andere Menschen, die mit uns auf dem Wege sind. Das Hellerwerden hat viele Stufen. Und es sind schöne und sehr seltene Erlebnisse, einen Menschen zu treffen, der reine Liebe, Klarheit und Mitgefühl ausstrahlt. Zu Erleuchtung in diesem prozeßhaften Sinne möchten meine Meditationen führen: immer mehr Licht in uns und um uns zu entfachen. Das unerläßliche Kriterium einer so verstandenen Erleuchtung ist tiefe Bescheidenheit und der Wunsch, dem Licht und der Liebe zu dienen.

Damit ist deutlich geworden, daß Techniken, die Reichtum, Erfolg, Redegewandtheit und dergleichen versprechen, in diesem Text nicht gelehrt werden. Ich will damit nicht sagen, daß meditative Praktiken nicht auch zu solchen Wirkungen führen können. Ja, es mag für den Einzelnen Teil seines und ihres Heilungsprozesses sein, diese Erfolge zu erreichen. Sie sind wertfreie Bestandteile der menschlichen Möglichkeiten.

Aber Techniken, die sich auf die Erreichung persönlicher Erfolge konzentrieren, können nur zu leicht den Mangel in sich bergen, daß der Einzelne in seinem Egoismus gefangen bleibt. Die Illusion des Getrenntseins vom Ganzen des lebendigen Seins wird aufrechterhalten. Und damit bleiben wir in dem alten Muster menschlichen Verhaltens gefangen, durch das wir die Erde schon so tief verwundet haben. Die Lage, in der wir uns heute befinden, am Abgrund der Zerstörung unserer eigenen Lebensgrundlagen, hat uns die Augen geöffnet. Die Erfolge in meinem Leben sind nur dann heilend, d. h. langfristig gut für mich, wenn sie mit dem ganzen Gewebe des Lebens im Einklang stehen. Dafür unser Gefühl zu stärken, ist das Anliegen erdverbundener Meditationen.

Solche Meditationen wirken nicht nur auf unser persönliches Bewußtsein ein. Sie haben darüberhinaus eine weiterreichende energetische Bedeutung. Sie lösen feinstoffliche Prozesse aus, die das Schwingungsgefüge, in dem sich alles Lebendige aufeinander bezieht, heilen.

Umfassende Liebe

Damit komme ich zu der tiefsten und bedeutendsten Aufgabe des Meditierens. Meditation belebt in uns wieder eine hohe Fähigkeit des Menschen, die in unserer Zivilisation völlig verkümmert ist. Das ist die Fähigkeit zur umfassenden Liebe zu allem Lebendigen. *Limitless love,* bedingslose Liebe ist die zentrale Kraft, zu der ich in meinen Meditationen hinführen möchte. Es gibt in unserem Kulturverständnis eine weitreichende Einschränkung dessen, was unserer Liebe wert ist. Seit alttestamentlichen Zeiten werden die Feinde und die Andersdenkenden (Heiden) im Namen Gottes zu nicht liebenswerten Wesen erklärt. Die Kirche hat diese Ausgrenzung noch weiter ausgedehnt. Der eigene Körper, die »niedrige« Natur wurde der Mißachtung preisgegeben. Ebenso traf die Herabwürdigung alle Naturspiritualität, die als teuflisch verurteilt und verfolgt wurde. Noch heute wettern Sektenbeauftragte der Kirche wie der Regierungen undifferenziert gegen alles Spirituelle außerhalb der etablierten Religionen. Diktatorische Sekten und schlichte Meditationsgruppen, ja auch schöne einfache Naturkräfte wie Kristalle und Pendel werden dabei in einem Atemzug verurteilt.

Wie sind solche Entwicklungen möglich? Diese Ausgrenzungen werden doch von Menschen vertreten, die solche Überzeugungen in guter Absicht festhalten. Möglich wurde diese Verurteilung Andersdenkender, weil wir Menschen sind. Wir sind im Gegensatz zu anderen Formen des Seins in der Natur mit der Gabe ausgerüstet, uns frei zu entscheiden, wie wir uns verhalten wollen. Diese Freiheit schließt Irrtum bis zur Selbstzerstörung mit ein.

Ist diese Gabe ein Geschenk oder eine furchtbare Last? Mir scheint, sie ist beides. Sie treibt uns dazu, mit großer Mühe und vielen Irrungen den Weg zu einer höheren geistigen Stufe der Menschlichkeit zu suchen. Dabei heißt einer der wichtigsten Scheidewege, an denen wir immer wieder stehen: Liebe oder Macht. Oder, anders ausgedrückt: will ich das Gute nur für mich oder für mich und die anderen zugleich. Alle religiösen und kulturellen Einschränkungen der Liebe dienen der Macht. Menschen wollen dadurch mehr wert sein als andere.

Und nun dürfen wir aus dem engen Raum solcher Eingrenzungen heraustreten in die einfache freie Luft der Harmonie alles Lebendigen, in die Freiheit der Kinder Gottes. Alles, was lebt, ist Teil der Schöpfung. Das zu verstehen, fällt uns leichter, wenn wir an einen Vogel oder ein Wildkraut denken, als wenn wir an Menschen denken.

Es ist ein langer Weg, bedingungslose Liebe wieder zu lernen. Aber dieser Weg ist sehr befreiend. Wo kein Machtanspruch mehr ist, ist auch keine Angst mehr notwendig.

Mit bedingungsloser Liebe ist nun nicht ein ständiger emotionaler Überschwang gemeint, ein Gipfelgefühl:»Seid umschlungen, Millionen, diesen Kuß der ganzen Welt!« Es geht vielmehr um ein andauerndes Bewußtsein. Die Indianer bezeichnen es mit dem Wort Harmonie. Auch Einssein ist ein Ausdruck, der dem Gemeinten nahekommt. Dieses neue-alte Verbundensein mit allem Lebendigen ist die Vorbedingung für ein neues Lebensbewußtsein, das der Erde und uns wirklich Hoffnung gibt.

Die beiden letzten großen Erwartungen an Meditation, Erleuchtung und bedingungslose Liebe mögen für manchen, der oder die diesen Text in der Hand hält, sehr entfernte Ziele aufzeigen. Aber die Erwähnung dieser hohen Perspektiven zeigt die große Richtung an und ist damit auch eine Abgrenzung von oberflächlichen Formen der Spiritualität.

4. Wer bin ich?

Hier soll nicht eine Abhandlung über die große Lebensfrage: »Wer bin ich?« folgen. Vielmehr möchte ich darlegen, mit welchen Begriffen ich arbeite, wenn ich vom Menschen spreche. Jede psychologische Theorie benutzt, wenn sie von der menschlichen Gesamtpersönlichkeit spricht, ihre eigenen Einteilungen und Beschreibungen. Ich halte mich an die Beschreibung der amerikanischen Heilerin und Lehrerin Chris Griscom und an die Gesamtschau von Ken Wilber. Allerdings gebe ich nicht einfach das wieder, was ich von ihnen gelernt habe. Ich stelle es so dar, wie es sich in meiner Praxis bewährt und verdeutlicht hat.

Chris Griscom sieht den Menschen als ein Lebewesen, in dem in der jeweiligen Inkarnation vier unterschiedliche Wesen zusammenleben. Es sind das der physische Körper, der Emotionalkörper, der Mentalkörper und der spirituelle Körper (das Innere und das Höhere Selbst). Der physische Körper ist die Materialisierung des Selbst in diesem einen Leben. Er ist die Hülle, die Wohnung des unsterblichen Selbst. Der Emotionalkörper begleitet das Selbst durch seine Erdeninkarnationen. Er hat durch viele Leben tiefe Erfahrungen gespeichert. Aber er ist nicht Träger der geistigen und verstandesmäßigen Erfahrungen, sondern nur der Gefühle, der bewußten wie der unbewußten. Sein Sitz ist das Unbewußte. Der Emotionalkörper befreit sich nur langsam aus der dumpfen Erdverbundenheit. Er hat bei den allermeisten Menschen noch sehr niedrige Schwingungsfrequenzen, aufgeladen mit Ängsten, Leiderfahrungen und Sehnsüchten aus früheren Leben. Dieses Wesen, das für den größten Teil unserer Handlungen verantwortlich ist, ist (leider) auf einem so niedrigen Erkenntnisniveau, daß man es auch beim Erwachsenen als kindlich bezeichnen kann. Trotzdem ist der Emotionalkörper sehr stark. Er beherrscht meistens sowohl den physischen wie den Mentalkörper, das Wesen unserer bewußten Vernunft, unseres logischen Denkens. Wenn wir sehen, was Menschen heute zum Teil in ihren Eß- und Lebensgewohnheiten, in den Medien, in der Konsumproduktion, in der Politik zustandebringen, so ist die Unreife der antreibenden unbewußten Kraft überdeutlich zu erkennen. Unsere Lebensaufgabe liegt nun darin, im Laufe vieler Inkarnationen dem spirituellen Körper zur Entfaltung und zur Herrschaft über die anderen Körper unserer Persönlichkeit, über den physischen, den emotionalen und den mentalen Körper zu verhelfen.

Ken Wilber sieht uns als Menschen in dieser Evolutionsstufe in der Mitte zwischen Geist und Materie, zwischen Erdenkloß und Gott. Herauswachsend aus dem Einzeller, dem wenig bewußten Tier bewegen wir uns der Dynamik der Evolution folgend zu immer höherer Fähigkeit, zu geistiger Erkenntnis und kreativer Teilnahme am Schöpfungsprozeß. Der Mensch, die Krone der Schöpfung? Es fällt uns heute schwer, unseren Status so hoch einzuschätzen, weil wir beschämt die Irrwege des Menschen in seiner Verantwortung für die Erde und füreinander erkennen. Eben diese Irrwege, die die Fähigkeit zur Zerstörung der Erde einschließen, sind aber, so paradox das vielleicht auf den ersten Blick scheint, Teil unserer hohen menschlichen Gaben. Es ist die Fähigkeit, sich frei für oder gegen die Gesetze der Evolution und der Einheit alles Lebendigen zu entscheiden, eine Fähigkeit, die die anderen Naturwesen nicht haben.

Warum dieser Evolutionsweg mit so viel Leid und Grausamkeit verbunden ist, das ist ein Geheimnis und eine furchtbare Last. Ich habe immer wieder nach Antworten auf diese Frage gesucht. Die Antworten und Erklärungsversuche, die ich gefunden habe, können den

Schmerz über Leid und Grausamkeit nicht aufheben. Sie helfen mir aber, das, was ich an mir und anderen erlebe, ohne Vorwurf und Schuldgefühle verstehen zu lernen. Es würde den Rahmen dieses Buches sprengen, auf den Problemkreis näher einzugehen. Alice Bailey z.B. geht davon aus, daß das besondere Karma der Erde darin liegt, daß sie ein Planet des Leidens ist. Alte Ursachen der Erden- und der Mondvergangenheit kommen darin zur Wirkung. Und unsere Seele, die Seele jedes inkarnierten Menschen hat sich entschieden, hierher zu kommen, um zu lernen (Eine Abhandlung über kosmisches Feuer S. 457 und 490). Ein anderer Aspekt ist, daß der Emotionalkörper des Menschen die Erinnerungen und Verhaltensweisen aus seiner Tiervergangenheit gespeichert hat. Darin ist auch die Gewalt bei der Nahrungssuche eingeschlossen, mit der Tiere sich gegenseitig jagen und töten. Tiere gehen dabei nie über das Lebensnotwendige hinaus, weil ihr Bewußtsein in das Gesamtbewußtsein der Natur eingebunden ist. Als Teil des Menschenwesens ist nun der Emotionalkörper mit freiem Willen ausgestattet. Solange er in niedrigen Schwingungen verhaftet ist, setzt er dieses alte Bewußtsein oft so ein, daß er dem Ganzen und damit letztlich auch sich schadet. Übernimmt der spirituelle Körper die Führung, so kann der Mensch diese Relikte seiner Tiervergangenheit in höheres Bewußtsein integrieren. Dann wird aus Gewalt die Kraft, sich gegen Widerstände durchzusetzen.

Ich möchte es bei diesen wenigen Gedanken lassen zu der Frage, warum so viel Grausamkeit und Leid auf der Welt ist. In diesem Leben werden wir das sicher nie ganz verstehen. Der wichtigste Schritt zum Verstehen ist wohl, daß wir in unserem eigenen Leben im Leiden eine Möglichkeit des Lernens, der geistigen Weiterentwicklung erkennen.

Wenn wir uns nun hinsetzen und meditieren, treten wir damit in Verbindung mit unserem Inneren Selbst. Wir verstärken mit jedem meditativen Atemzug diese Verbindung und damit beleben wir unseren spirituellen Körper. Nach und nach gewinnt er an Kraft. Das Ziel ist, daß er den Emotionalkörper an einen anderen, untergeordneten Ort der Gesamtpersönlichkeit stellt, der seinen kindlichen und primitiven Fähigkeiten entspricht. Stattdessen führt das spirituelle Selbst den Körper, den Geist und die Gefühle des Menschen zu höheren und lichtvolleren Schwingungen. Je weiter wir in dieser Richtung kommen, umso mehr nehmen wir wieder teil an dem Einssein alles Lebendigen, aber nun auf einer viel höheren Bewußtseinsstufe.

Dabei geht es keineswegs allein darum, daß sich die Spezies Mensch weiterentwickelt. Wir sind lebendiger Teil des Wesens Erde. Und indem der Mensch sein Bewußtsein, seine Liebesfähigkeit und Weisheit ausdehnt, erhebt sich das Lebenssystem der Erde auf eine höhere Stufe des Bewußtseins und der geistigen Reife und kann altes Karma überwinden.

Aus dem eben Gesagten wird deutlich, warum dieses wachsende Interesse an allen Formen des Spirituellen so zunimmt. Die Erde und die Menschheit brauchen es ganz einfach. Die Zeit ist reif für die Erweiterung des Bewußtseins, für die Stärkung des spirituellen Menschen in uns, weil sie reif ist für die Transformation der Erde zu höheren Schwingungen.

Bleibt noch, etwas über das Höhere oder Hohe Selbst zu sagen. Es ist der Teil unseres unsterblichen Selbst, der nicht mit in die Tiefe der Inkarnation eingegangen ist. Es ist im Licht, in der ungetrennten Verbindung mit dem universalen Ganzen geblieben. Sehr viele Menschen haben die Verbindung zu ihrem Inneren Selbst und natürlich noch viel mehr zum Höheren Selbst völlig verloren. Der meditative Weg führt uns Schritt für Schritt in diese geistigen Bereiche unseres Seins wieder hinein. Wir beginnen langsam zu entdecken, daß wir in uns Räume von Stille, von ruhiger, einfacher Zufriedenheit haben und ein Wissen darum, was für uns gut ist.

5. Die Ebenen des Seins

Das naturwissenschaftliche Weltbild, von dem unsere Kultur weitgehend geprägt ist, fußt auf den Erkenntnissen der Aufklärung. Das Interesse ist fast ausschließlich auf diese Welt gerichtet, wie wir sie mit unseren fünf Sinnen erfassen. Deshalb befasst sich die Wissenschaft und Lehre vornehmlich mit der Beschreibung und Erforschung des Meßbaren und experimentell Überprüfbaren. Der Bereich des Transpersonalen wird dabei ausgeklammert, da er ja gemäß den Vorstellungen einer verflachten Aufklärung gar nicht existiert. Das Übersinnliche wird zum Teil in die Zuständigkeit der Religion verwiesen. Was auch dort nicht akzeptiert ist, wird in ein verbotenes oder gering geachtetes Schattendasein gedrängt. Etwas glauben bedeutet in dieser Aufspaltung des menschlichen Geistes, daß es aus naturwissenschaftlicher Sicht nicht ernst genommen und damit aus dem offiziellen Bildungsgut ausgeklammert wird.

In der heutigen Zeit ist nun aber nicht zu übersehen, daß das gesellschaftliche Interesse am Übersinnlichen, an den ausgeklammerten transpersonalen Ebenen des Lebens allenthalben wächst. Die etablierte Kultur ist bisher kaum in der Lage, dieses Interesse zu befriedigen. Weder in den Schulen und Hochschulen noch in bildungsbürgerlichen Zeitungen und im etablierten Kunstmarkt findet es angemessene Beachtung. Dagegen greift die Regenbogenpresse Themen des Transpersonalen häufig auf. Auch ist das Thema zum beliebten Gegenstand von Comics und Filmen geworden. Allerdings wird es hier meist auf oberflächliche Weise vermarktet.

Wenn wir allerdings zu ernsthaft spirituell Suchenden und Lernenden werden, öffnet sich uns inzwischen ein reiches seriöses Angebot an Büchern, Gruppen und Fortbildungen. Durch solches Lernen, vor allem aber durch die eigenen Erfahrungen in der Meditationspraxis, öffnen sich uns neue Ebenen des Bewußtseins und des Seins. Dieses Gewahrwerden von Ebenen, die uns bisher unbekannt waren, erfordert Umdenken und Neulernen. Dabei begegnen wir manchen begrifflichen Unklarheiten. Da tauchen Begriffe auf wie z.B. »Astralebene«, »Aufgestiegene Meister« oder »Devas«. Was sagen sie aus? Von welchen Kräften und Bereichen wird da gesprochen? Wieweit können wir uns auf diese unbekannten Ebenen einlassen? Was schadet uns? Was bringt uns weiter?

Da ich selber oft nach Antworten auf solche Fragen gesucht habe, ist es mir ein Anliegen, in meinen Ausführungen auch für den Bereich der transpersonalen Ebenen begriffliche Klarheit zugrunde zu legen, soweit mir das möglich ist. Getreu meinem Vorsatz, die Dinge so darzustellen, wie ich sie praktiziere, gebe ich das Begriffsschema der Ebenen des Seins weiter, das mir selber am tiefsten hilft, etwas zu verstehen. Diese Skizze der uns so unbekannten Bereiche des Seins gibt uns so etwas wie eine Wegweisung, wo und mit welchen Kräften wir uns sicher fühlen können, worauf wir uns einlassen können und wo wir uns schützen müssen.

Die folgende Darstellung der Ebenen fußt auf Vorstellungen, die mein Lehrer William Bloom in Findhorn verwendet und in die ich mich beim Lesen des Buches von Alice Bailey »Eine Abhandlung über kosmisches Feuer« vertieft habe. (a.a.O. S. 158) Sie ist nur eine von verschiedenen und unterschiedlichen Versuchen, die transpersonalen Bereiche zu beschreiben oder durch schematische Begrifflichkeit zu erfassen. Wir stoßen dabei auf dasselbe Phänomen wie bei der schematischen Beschreibung der menschlichen Persönlichkeit in der Psychologie (s. Abschnitt »Wer bin ich«): die Bilder sind unterschiedlich.

Aber bei näherem Hinsehen läßt sich der Zusammenhang, das Verbindende an den verschiedenen Modellen entdecken.

Interessierten Leser/innen empfehle ich als weitere Lektüre über die Ebenen des Seins Silvia Wallimanns Schilderung ihrer tiefen mystischen Erfahrung. (Mit Engeln beten, S. 8) Sie faßt dabei die höchsten Stufen in eins zusammen. Ich komme darauf noch zurück.

Alice Bailey trägt ihre Schau der Ebenen als eine Belehrung für Schüler der Esoterik vor. Silvia Wallimann gibt einen Bericht ihrer persönlichen Erfahrung. Als Dritten nenne ich Ken Wilber, der in seinem Buch »Halbzeit der Evolution« ebenfalls ein Modell von sieben Stufen vorstellt. (a.a.O. S. 24) Sein Anliegen ist es, die mögliche Entwicklung des menschlichen Bewußtseins aufzuzeigen vom unbewußten frühen Stadium (der Menschheit und des Kleinkindes) bis zur Stufe der höchsten Erkenntnis des universellen Seins, die nur wenige Menschen je erreicht haben.

Im folgenden will ich versuchen, meine Version des Modells von Alice Bailey, das in ihrem Buch Teil einer weitgreifenden kosmischen Schau ist, kurz und vereinfacht darzustellen.

Unser Verständnis und Gespür für die Ebenen, von denen dort die Rede ist, ist durch die langanhaltende Vernachlässigung dieser Bereiche weitgehend verkümmert. Zwar betritt unser intuitives Bewußtsein in der Meditation die höheren Ebenen. Aber wie stark fühlen wir gerade nach tiefen Meditationen das Unvermögen unserer Sprache, das Erlebte zu beschreiben. Wie sollen wir also das Übersinnliche mit unserem verstandesmäßigen Denken erfassen? Da hilft uns solch ein Begriffsschema, wenn wir damit auch die angesprochenen hohen Bereiche nur ahnend und andeutungsweise benennen können.

Die nachfolgende Tabelle bezieht sich größtenteils auf die feinstofflichen Bereiche des Seins, die zwar vielgestaltige Energieformen haben, aber keine dichte, stoffliche Materiegestalt. Die erdgebundene Form, die Materie, von der uns die Wissenschaft von der Biologie bis zur raumfahrenden Forschung immer detailliertere Bilder liefert, wird nur in den untersten Stufen erwähnt. Damit wird ausgedrückt, was für einen geringen Teil in diesem Ebenenmodell des Universums das materiegebundene Leben ausmacht.

Dabei könnte der Begriff Ebenen zu der irreführenden Vorstellung leiten, die Stufen wäre übereinander geschichtet und damit voneinander getrennt. Die graphische Darstellung des Modells kann solchem Irrtum vorbeugen. Das Verhältnis der Ebenen zueinander wird einfach beschrieben mit dem Satz: »Wir sind Teil des Ganzen«. Er beschreibt ein Verhältnis von Einheiten zueinander, die zusammen ein größeres Ganzes bilden. Wir finden es in allen Systemen im lebendigen Raum vom Kleinsten bis zum Größten. Das jeweils größere Ganze durchdringt das Kleinere und nimmt es in sich auf. So hat selbst das kleinste Lebewesen den Hauch der höchsten Ebenen in sich. Diese Vorstellung ist ein wesentlicher Baustein der Überzeugung, die meinen Meditationen zugrundeliegt. Ken Wilber spricht von ihr als der »Ewigen Philosophie«. (Halbzeit der Evolution, S. 16 f.) Wir sind ungetrennt verbunden mit allem Lebendigen, wir haben selbst das Göttliche in uns.

Daß im Ganzen des Lebens das Materiegebundene nur so einen geringen Teil ausmachen soll, mag sehr abgehoben erscheinen. Habe ich doch in den vorigen Abschnitten betont, wie wichtig es für unser Wohlbefinden ist, daß wir uns unserem Körper und unseren Gefühlen aufmerksam zuwenden. Und die folgenden Meditationsanleitungen sind zu einem großen Teil darauf gerichtet, unsere Liebe und unsere Verbindung zum eigenen physischen Körper und zur Erde zu stärken. Trotzdem möchte ich dieses Begriffsschema der sieben Ebenen beibehalten. Denn wir sind ja weit mehr als unsere Physis. Wir haben eine lebendige Seele, unser spirituelles Selbst. Von den höheren Ebenen des Seins zu sprechen bedeutet einmal, von der Heimat der Seele zu sprechen. Wir können uns an diese Heimat nicht erinnern. Aber eine Sehnsucht in uns, in jedem Menschen weiß, daß es »mehr« gibt.

Zum anderen hilft uns ein klareres Bild der geistigen Stufen des Seins dabei, unsere Ziele zu klären und uns, wenn nötig, zu schützen und abzugrenzen gegenüber negativen Energien.

Hier nun das Modell der sieben Ebenen.

DIE SIEBEN EBENEN DES SEINS

1. Ebene Die göttliche kosmisch-ätherische Ebene
2. Ebene Die monadische Ebene, eine höhere geistige Ebene
3. Ebene Die geistige Ebene
4. Ebene Die Ebene der Liebe und Weisheit
5. Ebene Die Mentalebene
6. Ebene Die Emotional- oder Astralebene

   Ihre 7 Unterebenen

   1. erste ätherische Ebene
   2. zweite ätherische Ebene
   3. dritte ätherische Ebene
   4. vierte ätherische Ebene
   5. gasförmige Ebene
   6. flüssige Ebene
   7. dichte Ebene
7. Ebene Die physische Ebene

   Ihre 7 Unterebenen

   1. erste ätherische Ebene
   2. zweite ätherische Ebene
   3. dritte ätherische Ebene
   4. vierte ätherische Ebene
   5. gasförmige Ebene
   6. flüssige Ebene
   7. dichte Ebene

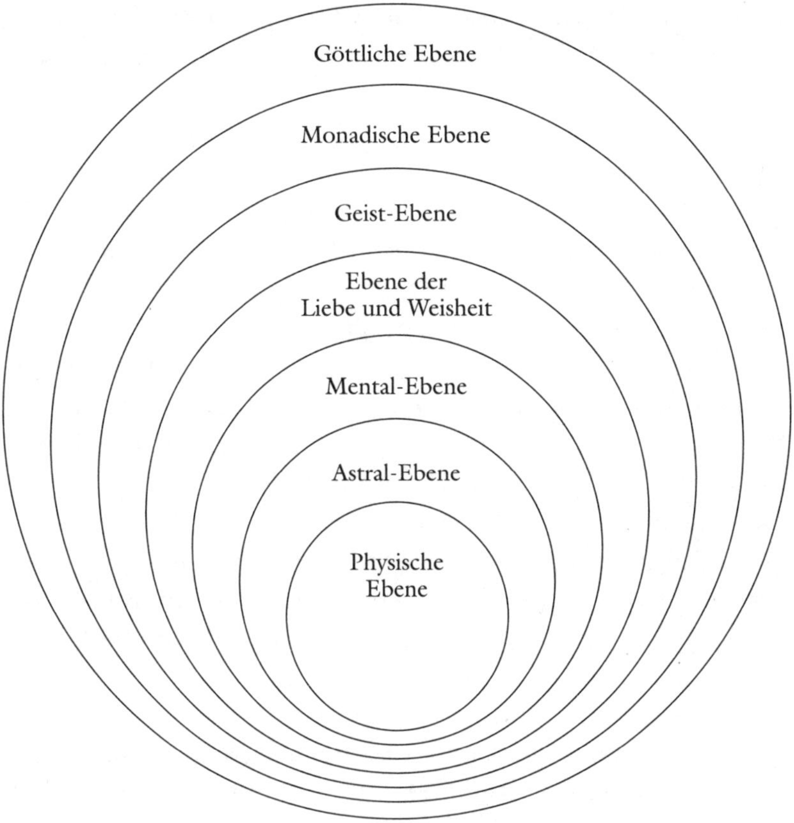

Erklärungen zur 7., der physischen Ebene

Beginnen wir mit der untersten Ebene und damit bei dem, was wir am besten nachvollziehen können. Die siebente Ebene beschreibt unsere Existenz im Körper, der sich aus den Elementen der Erde – des Dichten, des Wassers – des Flüssigen, der Luft – des Gasförmigen, und des Feuers – der Wärme und der Wandlung, aufbaut. Aber nach dieser Tabelle endet die physische Ebene nicht dort, wo sie für unsere Wahrnehmung aufhört. Es ist da die Rede, immer noch in der physischen

Ebene, von vier ätherischen Stufen. Diese feinstofflichen Körperebenen nehmen wir im Laufe unserer Meditationserfahrung immer deutlicher wahr.

Am besten können wir uns noch die körpernächste, die vierte ätherische Ebene vorstellen. Unsere Aura gehört ja in diese schon feinstoffliche, aber noch dem Physischen zugehörige Ebene. Mit der Kirlianphotographie kann sie bereits sichtbar gemacht werden. Auch können manche Menschen die ätherischen Energiepartikel als Lichtpünktchen und als kleine leicht umrandete Körper in der Luft in freier Natur erkennen. Es kommt vor, daß sie solche Wahrnehmung in Ermangelung einer anderen Erklärung mit einer Linsentrübung ihres Auges verwechseln. Bei genauerer Beobachtung lassen sich die beiden Phänomene aber klar voneinander unterscheiden.

In vielen früheren und in heutigen »primitiven« Kulturen gehört es zum allgemeinen Realitätsbewußtsein, die Substanz der Ätherebenen wahrzunehmen. Sie wird dort mit unterschiedlichen Namen beschrieben: Äther, Prana, Chi, Pneuma, Orgon, das Feinstoffliche. Wir benötigen dies Prana für unseren feinstofflichen Körper so nötig wie die Luft zum Atmen für unseren organischen Körper.

Zur Bedeutung der wachsenden Sensibilierung für die ätherischen Ebenen sagt Alice Bailey: »Auf der Ebene des vierten physischen Äthers beginnt der Mensch seinen Astral- oder Gefühlskörper zu harmonisieren und immer häufiger in diesen Träger zu entweichen. Wenn ein Mensch die vier Äther zu meistern gelernt hat, dann erlangt er Kontinuität des Bewußtseins.« (a.a.O. S. 161)

Wenn wir sie auch nicht sehen, so nehmen sensible Menschen doch eine Vielzahl der ätherischen Ausstrahlungen und Schwingungen, die uns umgeben, gefühlsmäßig wahr. In Wohnräumen, auf der Straße, in der Natur spüren sie Belastendes und Angenehmes. Unbewußt nehmen wir natürlich alle diese Schwingungen wahr und strahlen sie auch selber aus.

Nun sagt die Tabelle der Ebenen aber nicht nur etwas über unsere menschliche Existenz. Sie gilt für alles Leben. Das bedeutet, daß alles in physischer Materie Manifestierte auf der Erde den dichten Materiekörper hat und darüberhinaus die vier ätherischen feinstofflichen Körperebenen. Das gilt für Tiere, Pflanzen und Mineralien gleichermaßen. Auch das haben wir schon begonnen wahrzunehmen. Manche Menschen haben mit ihren Lieblingstieren telepathische Verbindung. Die Schwingungen von Bäumen, Kräutern und Blumen, von Steinen und Kristallen werden uns immer wichtiger. Wir lernen, diese feinstofflichen Energien mit Pendel und Rute zu orten. Die ätherischen Ausstrahlungen von Wasseradern in unseren Wohnräumen, besonders auf unsere Schlafplätze, finden zunehmend Beachtung. Es ist anzunehmen, daß unser Wissen und Wahrnehmen der ätherischen, feinstofflichen Schwingungsebenen in den nächsten Jahren wachsen wird.

In diesem Text finden sich zahlreiche Meditationen, die uns auf den verschiedenen elementaren und ätherisch-feinstofflichen Stufen der physischen Ebene stärken und sensibilisieren können.

Erklärungen zur 6., der Astralebene

Die sechste Ebene wird sowohl Emotional- als auch Astralebene genannt. Unter Emotionen bzw. Gefühlen können wir uns etwas vorstellen. Was aber ist das Astrale? Einfach ausgedrückt ist die Astralebene der vielschichtige Emotional- oder Gefühlskörper der Erde. Sie ist der physischen Ebene, die unser normales Sinnenbewußtsein wahrnimmt, am nächsten. Aber wir sind nur ahnungsweise und bruchstückhaft in der Lage, das vielgestaltige Leben der Astralebene wahrzunehmen.

Um ein Verständnis für die gesamte Astralebene zu bekommen, machen wir uns ihre Unterebenen erst einmal im Bereich des menschlichen Körpers und der menschlichen Persönlichkeit klar. Dann erweitern wir den Blick zu der Erkenntnis, daß dasselbe Schema für die ganze Erde gilt. Der Begriff Emotionalebene ist dabei hauptsächlich für das Verständnis des Menschen, allerdings auch hier nur für die drei unteren Ebenen geeignet.

Wir können die Unterebenen unserer Emotionen nach demselben Schema unterteilen wie die Unterebenen des physischen Bereiches. Die dichte Ebene der Gefühle ist der Bereich der Grundbedürfnisse, der Wunsch nach Essen und Trinken, nach Wärme und Geborgenheit. Die flüssige Ebene meint das Fließen der Gefühle, des Begehrens, der Ängste und Aggressionen, der sinnlichen Gefühle, der Sexualität. In diesen untersten Bereichen der Gefühlsebene begegnen wir besonders stark der menschlichen Tragik. Einmal darin, daß unsere Gefühle über die Ufer des Notwendigen treten. Aus den Grundbedürfnissen werden Süchte, das Fließen der Gefühle steigert sich zur Leidenschaft und wird oft künstlich stimuliert – heute verstärkt durch einen ganzen Medienmarkt. Oft kehrt es sich auch nach innen, etwa in der Form von Depressionen.

Zum anderen neigen wir dazu, sexuelle Wünsche, Aggressionen und andere kraftvolle Gefühle dann, wenn sie ein angepaßtes Verhalten stören, ins Unbewußte zu verdrängen. Und hier besteht eine starke Verbindung des menschlichen Gefühlslebens zur gesamten Astralebene, in der wir ihrer dunklen Seite begegnen. Verdrängte Gefühle kehren als Alpträume wieder, sie werden zu Ängsten und nehmen als Bedrohungsgefühle die Form von Wesen an, die uns verfolgen. Verdichtete alte Aggressionen haben sich in Räumen festgesetzt und bleiben dort als negative Strahlung wirksam, auch wenn die aggressiven Menschen die Räume schon längst verlassen haben. An den Orten alter Schlachtfelder haften noch nach Jahrhunderten solche Verdichtungen von Todesangst und Brutalität. Das sind Auswirkungen der menschlichen Gefühle auf die Astralebene, die uns zum Teil bekannt sind. Im Laufe der Jahrtausende haben sich durch solche niedrig-schwingenden energetischen Prozesse in der Astralebene der Erde Verdichtungen dunkler menschlicher Gefühle wie eine Schmutzschicht angesammelt. Das belastet sie, wie die mit Giftstoffen und

Schmutzteilchen angereicherte Luft eine Stadt belastet. In Horrorfilmen, in aggressiver Musik und auf vielerlei andere Weise finden diese Energien heute ihren Ausdruck.

Indem wir Unterhaltung oder Entspannung suchen, setzen wir uns häufig Schwingungen aus, die unsere niedrigen Gefühlsebenen stimulieren. Allerdings ist dieser niedrigschwingende Unterhaltungsbereich nicht einfach schlecht. Er hat auch eine sinnvolle Funktion. Viele Menschen, die ihr Beruf oder ihre Lebenssituation zu starker Anpassung und Einseitigkeit zwingt, gerade auch Jugendliche, finden im Alltagsdruck keinen angemessenen Ausdruck für bedrängende Bedürfnisse und Gefühle. Da wirkt dann z.B. eine entsprechende Musik entlastend. Sie fühlen sich in ihren diffusen Ängsten und Sehnsüchten, aber auch unausgelebten Kräften von dieser Musik oder von entsprechenden Filmen und Computerspielen verstanden. Das entlastet aber nur kurzzeitig. Es hat keine heilende Wirkung und löst die Probleme nicht.

Wenn wir zu mehr innerer Ruhe, zur Befreiung von unseren Ängsten und zu höherem geistigen Verstehen unseres Lebens kommen wollen, geht es darum, die Schwingungsfrequenzen der Emotionalebene zu erhöhen und damit unsere Gefühle auf höhere Ebenen zu heben. Wie wir mit einem Dimmer ein dämmriges Zimmer immer mehr erhellen können, so hebt die Erhöhung unserer emotionalen Schwingungen, zu denen die Meditation beiträgt, die Qualität unserer Gefühle auf die höheren Ebenen der Astralebene empor. Aggression wandelt sich in Kraft, sich durchzusetzen, unruhige Sehnsucht in zielgerichteten Willen, Depression in konstruktive Selbstliebe.

Solche Erhöhung der emotionalen Schwingungen ist eines der Anliegen bei den nachfolgenden Meditationsübungen. Ganz von selbst läßt in diesem Prozeß mit der Zeit das Bedürfnis nach, die niedrig schwingenden Gefühlsebenen zu stimulieren. Aber wir brauchen sie weder zu verachten noch zu verdrängen. Das gehört zum Verständnis der Ebenen des Seins dazu: alle Ebenen sind Teil des

Ganzen. Und in allen kann die Harmonie des Lebens schwingen. Lust und Genuß, Wut und Aggression haben ihren Ort in unserem Leben.

So viel zur Astralebene als Gefühlsebene des Menschen.

Die Astralebene der Naturreiche, des Tier-, Pflanzen- und Mineralreiches und des Wasser-, Luft- und Feuerelements bietet uns ein unendlich vielgestaltiges Bild. Sie ist die Welt der Elementarwesen. Als Zwerge und Kobolde, Elfen und Feen, Baumfaune, Wassernymphen und -nixen sind sie uns aus Märchen, Sagen und alten Liedern bekannt. Bis ins Mittelalter gehörte die Wahrnehmung dieser Wesen zum selbstverständlichen Lebensgefühl der Menschen. Dieses Wissen wurde in unserem Kulturkreis von der Kirche verboten und durch das neuzeitliche Wissenschaftsverständnis und die Aufklärung zum Märchengut erklärt. Damit wurde es ins Unbewußte unseres Lebensgefühls abgedrängt. Das gilt aber nicht für die ganze Erde. Der größte Teil der Menschheit hat die Verbindung zu den Elementarwesen nie verloren. In Asien, Afrika und Südamerika, ja, auch in Nordeuropa ist diese Wahrnehmung heute noch lebendig.

Aber auch in unserem Kulturkreis beginnen immer mehr Menschen wieder, die Welt der Naturwesen wahr- und ernstzunehmen. Der Kontakt mit Bäumen, mit Blumen, mit einem See oder Berg, mit dem Wind und dem Bach ist für viele Menschen eine Quelle von Freude und Naturverbundenheit. Wenn wir begreifen oder ahnend für möglich halten, daß die Natur von lebendigen Wesen belebt ist, mit denen wir kommunizieren können, so erweitert sich unser Raum der Wahrnehmung über die einfache Freude an den sichtbaren Phänomenen hinaus. Oft erleben wir diese Wesen und Kräfte als freundlich, uns wohlgesonnen. In diesem Prozeß beginnen wir vielleicht, zunächst mit den Zimmerblumen, den Bäumen und Steinen zu sprechen. Je mehr wir darüber erfahren, wie die Welt der Elementarwesen aussieht, umso mehr können wir uns vorstellen, was sich da tummelt, kleine Blumenelfen, würdige Baumfaune, hohe Landschaftsengel und

Engel der Elemente umgeben uns. Zu schade, daß nur die wenigsten von uns sie sehen können. Wir müssen uns wie Blinde von denen, die mehr hören und sehen können, von den Elementarwesen erzählen lassen. Aber es ist ganz klar, daß wir als Gesellschaft zur Zeit nicht die Reife haben, die es der Elementarwelt erlaubt, sich uns zu zeigen. Wie schnell würden geschäftstüchtige Tourismus- und Unterhaltungsmanager sie vermarkten!

Eine umfassende Einführung in diese Ebene gibt Marko Pogačnik in seinem Buch »Elementarwesen – die Gefühlsebene der Erde« (Knaur). Er öffnet uns ein ganz neues, erweitertes Verständnis zu diesem Bereich unseres Planeten. Zugleich nimmt er eine strukturelle Zuordnung der Naturwesen vor. Damit gibt er uns die Möglichkeit, uns ihr Wirken von der untersten bis zur höchsten astralen Ebene vorzustellen.

Großen Raum nimmt in der Tätigkeit der Elementarwesen die Harmonisierung der miteinander lebenden und wirkenden Kräfte ein. Überall sind Wesen tätig, die Spannungen ausgleichen und den Fluß der Energien im Raum begleiten. Hier sehen wir den großen Unterschied zwischen dem Tun der Menschen und dem der Elementarwesen. Wir leben im gleichen Raum, auf dem Planeten Erde. Aber während wir durch unser Verhalten allen übrigen Lebewesen nur zu oft Schaden zufügen, ist das Wirken der Elementarwesen darauf konzentriert, die Schönheit, Ordnung und Harmonie der Natur aufrechtzuerhalten oder wieder herzustellen.

Sind die Elementarwesen besser, edler als wir? Warum bauen wir Menschen soviel Spannungs- und Störfelder auf, warum belasten wir die Astralebene mit dunklen, aggressiven Energien? Die Bibel versucht, diese uralte Menschheitsfrage mit der Metapher vom Sündenfall und der Vertreibung aus dem Paradies zu beantworten. Nehmen wir aus diesem Deutungsversuch den Griff des Menschenpaares nach dem Apfel heraus. Er zeigt das typisch menschliche Begehren und aktive

Handeln, das sich seine Wünsche erfüllen will, aber nicht fähig ist, die Konsequenzen des eigenen Tuns zu überblicken. Da haben wir unsere Situation: als Menschen sind wir mit freiem Willen ausgerüstet. Das ist eine hohe Gabe. Aber wir haben die Einbindung in das Einssein mit dem Ganzen verloren. Das hat uns aus dem Paradies der Harmonie mit der Natur vertrieben.

In der Entwicklung der Menschheit beschreibt dieser Griff zum Apfel, der zur Erkenntnis von Gut und Böse führte, das Erwachen des klaren Denkens und der Selbsterkenntnis. Das Bewußtsein der Menschen in den Jahrmillionen ihrer frühesten Entwicklungsstufen glich einem Zustand des Träumens. In ihrer Wahrnehmung waren Mensch und Natur ungetrennt. Diesen Zustand erlebt jeder Säugling wieder in den ersten Monaten seines Daseins.

Das heißt, es kann für uns keine Rückkehr in das Paradies früherer Zeiten geben. Mit wachsendem Verstand und zunehmender Selbsterkenntnis hat die Menschheit inzwischen einen weiten Weg zurückgelegt. (Faszinierend ist das beschrieben von Ken Wilber in »Halbzeit der Evolution«.) Hier sind wir, die Menschen mit dem freien Willen und dem fehlenden Durchblick. Geblieben ist uns die Sehnsucht nach dem Paradies. Die Meditationen dieses Buches nehmen diese Sehnsucht auf in der Spurensuche nach den Orten der Schönheit, Ordnung und Harmonie.

Den Elementarwesen ist der Griff zum Apfel nicht möglich. Sie haben in diesem Sinne keinen freien Willen. Dafür haben sie die ungebrochene Verbindung von ihrem begrenzten astralen Fokus zu den hohen Ebenen des Seins behalten. Deshalb fühlen wir uns in ihrer Nähe so wohl, umgeben uns mit Pflanzen und Steinen und verbringen unsere Freizeit in der Natur.

Allerdings sage ich das so allgemein nur von den Elementarwesen der vier Elemente Erde, Wasser, Feuer und Luft und der Pflanzen- und Mineralwelt. Über die Tierwelt weiß ich zu wenig, um über sie zu sprechen.

In der Nähe der o.g. Naturwesen und -bereiche spüren wir, daß es aus ihrer Sicht der Sinn des Lebens ist, sich wohlzufühlen. Harmonie und Schönheit ist ihr Lebenselement. Das schließt Werden und Vergehen, Tod und Wiedergeburt ein als unabgetrennte Teile im Lebensrhythmus des Lebendigen. Darum rührt uns die Natur in ihrer Schönheit wie in ihren gefährlichen Aspekten so an, der Duft der kleinen Blüte am Wegrand, aber auch das tosende Meer und der Vulkan.

Es ist ein zentrales Anliegen der Naturmeditationen in diesem Text, uns wieder einzustimmen auf das Einssein mit der Natur. Das beginnt mit unserem Atem. Atemmeditationen sind ein Pfad, der uns in das verlorene Paradies zurückführt.

Zur Astralwelt gehören auch die dunklen Anteile der Emotionsebene der Erde, wie zu unseren Gefühlen das Dunkle und das Unbewußte gehört. Es ist die Tragik unserer Kultur, daß dies Dunkle zwar ausgelebt, aber nicht in die bewußte Selbsterkenntnis integriert wird. Es wird verdrängt, auf bestimmte Bevölkerungsgruppen projiziert oder verteufelt. Das ändert sich inzwischen. Langsam findet eine Wiederintegrierung der dunklen Aspekte unseres Seins auf verschiedenen Ebenen statt. Es ist Teil der therapeutischen Arbeit. Das Verständnis für die Würde des Sterbens wird wieder entdeckt. Und selbst die exakte Wissenschaft zeigt z.B. mit der Chaostheorie neues Verständnis für die alte Weisheit, daß aus der Zerstörung der Formen das Neue entsteht. Aber das, was ich in diesem Abschnitt anspreche, die Astralebene als Teil des Lebens anzunehmen, ist noch weithin unbekannt.

Normalerweise sind die Sinne unseres Wachbewußtseins gegenüber der Astralwelt taub und blind. Immer hat es aber Menschen gegeben, für die die Grenzen der Wahrnehmung durchlässig sind, die über parapsychologische Fähigkeiten wie Hellsehen, Telepathie u.ä. verfügen.

Diese Fähigkeiten sind erweiterte menschliche Sinneswahrnehmungen, die seit der Zeit der Hexenverfolgung mit dem Stigma des Unheimlichen behaftet sind. Heute wächst langsam ein unvoreingenommeneres Interesse an diesen Phänomenen. Die PSI-Fähigkeiten medial begabter Menschen werden bestaunt, im Fernsehen und in Illustrierten vorgeführt. Aber wir alle können unsere Sinne entwickeln. Immer mehr Menschen entdecken in sich den Zugang zu lange verschlossenen Bereichen, zu Anlagen, die in ihnen schlummern.

Tiefer als mit PSI-Fähigkeiten nehmen Menschen Kontakt mit der Astralebene auf durch magische Techniken. Magie, das ist die Fähigkeit, mit geistiger Kraft Einfluß auf Materie zu nehmen. Sie ist als Fähigkeit neutral, weder gut noch böse. Zur weißen oder schwarzen Magie wird sie erst durch die Absicht, in der Menschen sie anwenden. Seit alten Zeiten wurden Techniken der Magie entwickelt, durch die Menschen Zugang zu astralen Ebenen bekommen. Andere hören Stimmen, die sie beraten und belehren wollen.

Diese Tatsachen machen es für mich so wichtig, in einem Buch über Meditation ausführlich auf die Ebenen des Seins einzugehen. Wer Stimmen aus außermenschlichen Bereichen hört oder mit weißer Magie arbeitet, glaubt oft ganz undifferenziert, Zugang zu hohen geistigen Kräften zu haben. Das Wissen über die verschiedenen Ebenen ist wenig verbreitet. Und wer nichts über die verschiedenen Ebenen weiß, kann auch nicht unterscheiden.

Beim Channeln (Stimmen hören) und anderen transpersonalen Kontakten ist es aber durchaus möglich, daß der Kontakt nur bis in die astrale Ebene hinein reicht. Die Astralebene ist belebt mit Wesen, Geistern und Seelenanteilen Verstorbener, die wie wir Menschen Suchende sind auf dem Weg zu höheren Ebenen. Sie sind in ihrem eigenen Interesse an Kontakten zu Menschen interessiert. Aber sie sind mit Irrtum, Angst und Aggression belastet wie wir. Es ist durchaus möglich, daß sie uns etwas zu sagen haben. Aber wir können uns nicht auf sie verlassen. Zwar können sie unsere Erkenntnis erweitern und manchen Menschen besondere Fähigkeiten verleihen. Aber sie können auch schaden und in die Irre führen, Macht und geheime Beherrschung ausüben.

Deshalb ist es mir ein Anliegen, Kenntnisse zu vermitteln, die uns die Sicherheit geben, daß wir mit den Ebenen des Lichtes, der Liebe und Weisheit verbunden sind, denen wir uns ohne Angst anvertrauen können und die uns vor verletzenden Einflüssen schützen. Wenn wir mit den Ebenen der Liebe und Weisheit Verbindung haben, sind wir so geschützt, daß wir allem Lebendigen in der Natur offen begegnen können.Wir brauchen kein Wesen und keine Energie der Astralebene zu verdammen, so dunkel und furchterregend sie auch wirken mögen. Über diese erstaunliche Aufhebung der Scheidung in Gut und Böse später mehr.

Erklärungen zur 5., der Mentalebene,
der Ebene des intelligenten Bewußtseins

In den Erklärungen zur Mentalebene werde ich meinem Wissen entsprechend nur auf ihre Bedeutung für den Menschen eingehen.

Die Mentalebene spielt eine entscheidende Rolle bei der Entwicklung der menschlichen Persönlichkeit, insbesondere bei ihrer geistigen Höherentwicklung. Auch hier gibt es wieder sieben Unterebenen. In den unteren Stufen entwickelt der Mensch seine niedere Persönlichkeit. In der fünften ist der Übergang erreicht zum höheren intelligenten Bewußtsein.

Wir müssen uns die Mentalebene nicht getrennt von den anderen Bewußtseinszuständen des Menschen vorstellen. Sie ist verflochten mit der Astral-/Gefühlsebene. In den unteren Gefühlsebenen sind die Wünsche auf einfache Bedürfnisse gerichtet. Mit der wachsenden Fähigkeit, zu denken und bewußt zu handeln, entwickelt sich das Eigenbewußtsein. Der Mensch wird seiner selbst gewahr und baut Schritt für Schritt seinen geistigen Körper auf. Aus dem gefühlsmäßigen Reagieren wird in diesem Prozeß der Individualisierung die Fähigkeit, die niedere Wunschnatur unter die Kontrolle des höheren geistigen Bewußtseins zu stellen.

In den niederen Ebenen unserer Intelligenz gehen wir den Weg des geringsten Widerstandes. Wir folgen der Leitung unseres Emotionalkörpers (s. Kapitel: »Wer bin ich?«). Wenn wir uns weiterbewegen zu höheren Ebenen, so wehrt sich der Emotionalkörper gegen die ungewohnte Anstrengung. Sein Sträuben bekommen wir ständig zu spüren. Diesen Widerstand zu überwinden, ist die alltägliche Anstrengung auf dem geistigen Weg. Wer kennt nicht die innere Stimme, die sagt: »Ich hab keine Lust zum Lernen oder zum Meditieren!« und die uns während der Meditation mit Alltagsgedanken ablenkt. Wer kennt nicht die innere Trägheit, die uns blockiert, immer und immer wieder. Dieser Kampf und Widerstreit zwischen unseren gegensätzlichen Wesensanteilen ist ein Bestandteil unserer persönlichen geistigen Entwicklung. Zugleich ist er ein Ringen der gesamten Menschheit, sich aus der Gebundenheit an die physische und die astrale Ebene zu befreien. Denn erst, wenn wir die höheren Schwingungsebenen erreichen, können wir uns befreien. Dann können wir aus alten Bindungen entweichen.

Diese alten Bindungen des Emotionalkörpers sind zum großen Teil im Unbewußten gespeichert. Deshalb ist die Einbeziehung des Unbewußten, der dunklen Anteile in uns, in die geistige Arbeit so wichtig. In analytischen und anderen Therapieformen wird mit Hilfe des Therapeuten Unbewußtes ins Licht des Erkennens geholt. Mit heilenden Meditationen können wir über die Analyse hinausgehen. Mit Licht- und Liebesenergie, die wir bis in die unbewußten Bereiche unseres Emotionalkörpers senden, ist es möglich, Blockaden aufzulösen und die Schwingungsfrequenz der Gefühlsebene zu erhöhen.

In der Mentalebene liegt also eine entscheidende Stufe der Persönlichkeitsentwicklung. In ihrer Stufenfolge findet außerdem ein wichtiger Schritt in höhere Seinsebenen statt. Die unteren Ebenen sind mit der Emotional-/Astralebene verflochten. In ihren höheren Stufen geht die Mentalebene eine Verbindung ein mit der vierten Ebene des Seins, der Ebene der Intuition, Liebe und Weisheit.

Aber ehe ich über diese höheren Stufen spreche, möchte ich auf die Entwicklungsschritte des intelligenten Bewußtseins noch etwas ausführlicher eingehen. Auch wenn ich sie vorwiegend im Bereich der Einzelpersönlichkeit beschreibe, spreche ich zugleich vom Prozeß der Menschheitsentwicklung. Ganze Völkergruppen machen ihn über Jahrhunderte und Jahrtausende durch. Der einzelne Mensch erlebt ihn von der Geburt an und steigt im Laufe seines Lebens bis zu einer bestimmten Stufe der Mentalebene auf. Vermutlich brauchen wir viele Leben, um bis zu den höchsten Stufen der Mentalebene und weiter zu gelangen.

In den unteren Entwicklungsebenen beginnt der menschliche Verstand des Kleinkindes langsam die Dinge dieser Welt einzuordnen. Er schafft sich ein Begriffsschema von Sprache, Zahlen und Techniken, um sich in der Welt zurechtzufinden. In seiner Fortentwicklung geht er mit Forschen und Entdecken voran. Wie eindrucksvoll ist dieser Entdeckungsdrang bei Kindern im zweiten und dritten Lebensjahr ausgeprägt!

Der menschliche Geist speichert in seinen Erinnerungen den Raum, den er erfaßt hat, lernend erweitert er ihn und lehrend gibt er das Erreichte von Generation zu Generation weiter.

In der nächsten Ebene des Geistes beginnt der Mensch sich über die dichten Bereiche der Materie hinauszuheben. Die Intelligenz wird durch Schule, Universität und viele Formen der Weiterbildung entwickelt. Dabei wurde aber in unserer Kultur über lange Zeit vorrangig das logische Denken entwickelt. Der intuitive, kreative Bereich des menschlichen Geistes blieb ein Stiefkind der Bildung, obwohl er immer der Bereich war, aus dem die großen Werke der Kunst und auch die weiterführenden Entdeckungen der Naturwissenschaft hervorgingen. Diese einseitige Förderung des logischen Denkens richtet sich vornehmlich auf Gegenstände der sinnlich erfahrbaren materiellen Welt. Und obwohl unsere westliche Kultur auf diesem Wege hohe Leistungen vollbracht hat, hat diese Einseitigkeit uns an den Abgrund der Zerstörung der ganzen Erde geführt. Was ist da geschehen?

Die hohen Stufen der Mentalebene reichen in die nächste Ebene hinein, in die Ebene der Liebe und Weisheit. Die Durchdringung des Intellekts mit Liebe und Intuition hat unsere kulturelle Entwicklung bisher nicht geschafft. So ist sie in eine Sackgasse geraten. Der Entwicklungsweg der menschlichen Intelligenz im gesamt-gesellschaftlichen Bewußtsein ist in den letzten zweihundert Jahren mehr quantitativ vorangegangen als qualitativ. Er hat sich, räumlich gesprochen, mehr in die Breite ausgedehnt als sich höherzubewegen zur Herzensenergie, zu Liebe und Mitgefühl. So wurde er zum lebensbedrohenden Irrweg.

Wege zu öffnen, die uns helfen, den Bereich der Liebe und Weisheit zu erreichen, ist ein wichtiges Ziel meiner Arbeit und Meditationen. Erst einmal geht es darum, in unserer mentalen Entwicklung außer dem logischen Denken auch die Bereiche der Kreativität und Intuition zu entfalten. Daß dies eine Voraussetzung für ein harmonisches Leben ist, haben heute immer mehr Menschen erkannt. Das zeigt sich z.B. daran, daß Volkshochschulen und andere Weiterbildungen viele künstlerische Kurse anbieten, durch die Menschen von der Jugend bis ins Alter hinein neue Ausdrucksformen von Kreativität in sich finden und entwickeln können. Die kreative, intuitive Entfaltung unseres Seins ist eine Ausdehnung in Bereiche der inneren Freiheit hinein, die uns mit Freude erfüllen kann.

In den letzten Jahrzehnten haben sogar die Manager der Wirtschaft begonnen, ihr Personal in Kreativität zu trainieren. Sie haben erkannt, daß die Einbeziehung der Intuition und das Wahrnehmen der eigenen Bedürfnisse zu höheren Leistungen befähigt als ein rein verstandesmäßig erzwungenes Reagieren. Auch wenn solches Training aus reinem Profitinteresse durchgeführt wird, kann es ein persönlicher Gewinn werden für die Menschen, die daran teilnehmen.

Die höchsten Stufen der Mentalebene führen den Menschen in der Religion und Spiritualität sowie in begnadeter Kunst Stufe für Stufe aufwärts, sofern er die Verbindung mit dem Bereich der Liebe und Weisheit eingegangen ist. Den Unterschied zwischen Höher- und Weiterentwicklung können wir allerdings vielerorts sehen. Es gibt ganze Bereiche der modernen bildenden Kunst und der Musik, die einen Mangel an geistiger Wärme förmlich ausstrahlen. Aber zum Glück begegnen wir auch den Kunstwerken und der Musik, die uns in hohe Ebenen der Verschmelzung von Geist und Liebe erheben.

Diese Höherentwicklung können wir natürlich auch als »ganz normale« Menschen erleben. Ist die Ebene der Verschmelzung des menschlichen Geistes mit der Ebene der Liebe und Weisheit geglückt, so bekommt unser Leben einen neuen Sinn. Unser Verhältnis zu anderen Menschen verändert sich. Und unser Geist begibt sich auf die Suche nach den Welten, aus denen unsere Seele, unser Hohes Selbst kommt.

Es ist eine der Aufgaben jeder Meditation, uns in Zustände der Stille, des inneren Lauschens zu führen, in denen sich unser Geist in diese Sphären ausdehnen kann. Langsam eröffnen sich ihm bisher unbekannte Bereiche der Wahrnehmung. Oft ist es uns, wenn wir mit unserem Bewußtsein »weit weg« waren, kaum möglich, die neuen Erfahrungen zu beschreiben. Hier hilft uns das Strukturbild der Ebenen, die Räume erahnend für wahr zu nehmen, in die unser Bewußtsein sich ausdehnt.

Die höchsten Stufen der Mentalebene in unserer Persönlichkeitsentwicklung zu erreichen, erfordert intensives geistiges Bemühen. In dieser Sphäre findet so etwas wie eine Neugeburt statt, der höhere geistige Körper des Menschen nimmt Gestalt an. Zugleich nimmt der Zustrom von Kraftimpulsen aus hohen Bereichen des Seins zu.

Aber lange bevor wir soweit sind, können wir uns in Kontakt zu den hellen, reinigenden und belebenden Energien dieser und noch höherer Ebenen setzen. Das ist ein Anliegen in vielen meiner Meditationen. Wenn wir uns für die Lichtströme des Universums öffnen, nehmen wir Kontakt mit eben diesen Schwingungen auf. Wenn wir unsere Chakren beleben und reinigen, stärken wir unsere Fähigkeit, dieses Licht in unsere Persönlichkeit zu integrieren. Das wirkt sich auch auf die Bereiche unseres Lebens aus, die in diesem Kapitel als niedrig angesprochen werden. Sie verlieren mehr und mehr die Kraft, uns zu beherrschen, sie werden sozusagen heller. Das bewirkt, daß wir uns in unserem Körper und unseren Gefühlen immer wohler fühlen.

Erklärung zur 4., der Ebene der Liebe und Weisheit

Die Ebene der Liebe und Weisheit ist das geheime geistige Ziel der Entwicklung in dieser Menschheitsepoche: »Für uns ist das Ziel der Evolution eine von Intelligenz beherrschte Liebe – oder von Liebe beherrschte Intelligenz, denn der wechselseitige Einfluß wird ein vollkommener sein.« (A. Bailey, a. a. O. S. 672) Die Verbindung mit dieser Ebene ist der Schlüssel zum inneren Frieden.

Die meisten von uns sind nicht in der Lage, diese Ebene zu sehen oder zu hören. Mir scheint aber, daß begnadete Musiker im Laufe der Jahrhunderte etwas von dem erlauscht haben, was da klingt. Wir empfinden beim Hören ein Gefühl, als ob Engel musizieren. Oder einfach ein Gefühl von Erhabenheit oder Glücklichsein, das wir gar nicht zu benennen brauchen.

Auch die Schönheit der Natur spiegelt den Glanz dieser Ebene in den schönsten Blüten und leuchtendsten Sonnenuntergängen wider.

Viele Meditationen dieses Buches sind darauf ausgerichtet, die Verbindung zur Ebene der Liebe und Weisheit herzustellen. Es ist der Bereich, aus dem wir Heilungskräfte empfangen, der uns schützt vor herunterziehenden Kräften und Dunkelheiten, der uns den Weg zurück zeigt, zurück in die Harmonie mit allem Lebendigen. Ich habe weiter oben das Bild der Vertreibung aus dem Paradies herangezogen zum Verständnis für unsere Lage: ausgestattet mit freiem Willen, aber herausgefallen aus der Harmonie der Einheit. Darum geht es nun: mit freiem Willen, mit der Kraft unseres Willens und unserer Intelligenz den Weg in das Einssein zurückzufinden.

Unser Hohes Selbst, der spirituelle Teil unseres Ichbewußtseins, hat diese Verbindung zum Ganzen nie verloren. Es hat die Verbindung für uns aufrechterhalten. Deshalb bauen wir langsam in der Meditation die Verbindung zu unserem Hohen Selbst wieder auf. Wir können die Techniken erlernen, die den Fluß wieder zum Fließen bringen. Das ist vermutlich für die meisten von uns ein langer Wachstumsprozeß. Aber je klarer wir wissen, wohin wir wollen, umso sicherer sind unsere Schritte.

Der Zustand der Verbindung mit dem Bewußtsein der Liebe und Weisheit hat verschiedene Namen. Harmonie – Liebe – Herzzentrierung – Mitgefühl. Alle Religionen der Welt streben ihn an. Sie haben im Laufe der Jahrtausende viele Wege dorthin entwickelt.

In meinen Meditationen wird das Anliegen, mit der Ebene der Liebe und Weisheit Kontakt aufzunehmen, besonders auf zweierlei Weise ausgedrückt, mit der Bitte um das herabfließende weißgoldene Licht und mit der Stärkung des Herzzentrums, unserer Liebeskraft. Weiß (oder besser kristallklar) ist das Licht, das alle Farben in sich vereinigt, der kosmische Lebensatem, die unsiversale Heilkraft. Goldenes Licht ist die göttliche Kraft der grenzenlosen Liebe, die Schwingung, die alles geschaffen hat und alles liebt. Weißgoldenes Licht, wir dürfen es rufen und uns von seiner schützenden und heilenden Kraft durchströmen lassen. Die Kräfte der Liebe und Weisheit sind stets bereit, uns zu stärken. Aber wir müssen uns für sie öffnen. Wir können sie uns als leuchtende Ströme, aber auch als Engelwesen und geistige Helfer vorstellen. Wenn ich von diesem Fließen spreche, so kann ich nicht mehr unterscheiden zwischen dem, was aus der Ebene der Liebe und Weisheit und was aus noch höheren Ebenen kommt. Eine solche Differenzierung ist mir nicht möglich und wir brauchen sie auch nicht. Was wir brauchen, ist die hohe Schwingung, die alle Ebenen unserer Persönlichkeit versorgen kann. Diese Hilfe fließt nicht einfach ohne unser Zutun wie das Sonnenlicht. Sie kommt nicht ungebeten zu uns. Der Grund dafür ist das hohe menschliche Privileg des freien Willens.

An einem Beispiel möchte ich verdeutlichen, wieviel uns verlorengeht, wenn wir nicht um diese Hilfe bitten. Als engagierte Frau der Friedensbewegung war ich tief betroffen, als ich in einer Botschaft aus der geistigen Welt hörte: »Wir hätten euch in eurem Engagement so gern unterstützt. Aber ihr habt uns nicht gerufen!« Seitdem halte ich regelmäßige öffentliche Meditationen für den Frieden. Wir brauchen die Hilfe der hohen Ebenen für unseren Weg zur inneren und äußeren Heilung.

Die Ebene der Liebe und Weisheit ist belebt mit Engeln und aufgestiegenen Wesen dieser und anderer Welten. Die hohen Landschaftsengel, Vertreter der Elementarwesen der Erde, halten die Verbindung der Natur der Erde zu diesen Sphären. Channelbotschaften aus dieser Ebene sind heute wichtige Weisungen für uns, wie es in früheren Zeiten die Worte der Propheten und weisen Frauen und Männer waren. Ich habe schon früher darauf hingewiesen, daß nicht alle Channelbotschaften aus dieser reinen Ebene stammen. Es ist immer möglich, daß sich Stimmen von Wesen aus der Astralebene einschalten. Sie können durchaus die Absicht vermitteln, zu helfen und zu raten. Aber da sie von Wesen kommen, die selber in ihrem karmischen Prozeß

Suchende sind, ist ihr Rat nicht verläßlich. Darüber dürfen wir uns keine Illusionen machen.

Wir sind ohnehin nicht darauf angewiesen, von anderen beraten zu werden. Wir können im Laufe der Zeit unsere eigenen Antennen, die Chakren, immer mehr reinigen. Wir können die Verbindung zu unserem Hohen Selbst wieder herstellen und sind dadurch selber in der Lage, mit unserer inneren Stimme zu vernehmen, was für uns und zugleich für das Ganze gut ist.

Die Ebene der Liebe und Weisheit ist eine hohe geistige Ebene. Und doch kann sie Teil unseres täglichen Lebens werden. Um in diesem Bewußtsein zu leben, reicht aber guter Wille nicht aus. Wir müssen hineinwachsen in ein neues Verständnis von Liebe. Das beginnt bei der Liebe zu uns selbst. Es ist die Liebe, die alles Lebendige annimmt, wie es ist – auch die dunklen Anteile unserer Persönlichkeit, die wir nicht mögen, sei es, daß wir sie verachten oder schlicht ignorieren. Erst wenn die Liebesenergie die unteren Chakren, den Raum unseres Unbewußten, unserer Gefühle, unseres niederen Ich durchströmt, kann sie sich weiter entfalten.

Hier liegt ein verhängnisvoller Irrtum christlicher Erziehung, die vor allem die Frauen zur Nächstenliebe anhielt, ohne ihre Selbstliebe zu stärken. Dabei ruft ja Jesus, auf dessen Wort und Leben diese Erziehung fußen sollte, zur Selbstliebe auf: »Du sollst Deinen Nächsten lieben wie dich selbst.« (Matth. 22.39) Aber hier liegt auch die große Chance der Meditation. Sie bleibt nicht bei der Analyse vergangener Verletzungen stehen. Sie wirkt unmittelbar heilend und energetisierend auf unsere Liebeskraft.

Wenn wir eine solche Erweiterung unseres Menschseins und inneren Frieden in der Verbindung mit den hohen Ebenen erfahren können, wozu dann noch die Naturmeditationen, die Verbindung zur Erde? Es gibt viele religiöse und spirituelle Lehren, die sich ganz auf das Ziel konzentrieren, die hohen Ebenen zu erreichen. Es liegt mir fern, diese Lehren herabsetzen zu wollen oder den Anschein zu erwecken, ich hielte den Weg, den ich zeige, für besser. Auch für den spirituellen Weg, der die Verbindung zur Natur einschließt, gibt es ja Vorbilder in alten Religionen, besonders in den indianischen und den keltischen Überlieferungen. Die Kulturkreise, in denen die Religionen der Welt entstanden sind, waren und sind so verschieden, daß sich uns unterschiedliche Wege zeigen. Jede Religion nähert sich der umfassenden Wahrheit auf ihre Weise.

Es will mir scheinen, als hätten Religionsstifter und Lehrer durch die Jahrhunderte unterschiedliche Zipfel des Schleiers gelüftet, der unser Bewußtsein von den hohen Ebenen trennt. Sie waren überwältigt von der Wahrheit dessen, was sie erkennen konnten, und haben diese wunderbaren Einsichten weitergegeben. Nicht anders geht es mir mit meinen bescheidenen Erkenntnissen.

Die tiefe Verbindung zur Erde, in der ich mich mit vielen Menschen und geistigen LehrerInnen eins weiß, die Liebe zur Natur und den Elementen gehört für uns zum Heilwerden dazu. Wir sind auf dieser Erde inkarniert, um in diesem Körper, der aus Erde, Wasser, Luft und Sonnenwärme gebaut ist, mit allem Leben auf der Erde in Harmonie zu leben. Tun wir es nicht (und das ist ja das Elend unserer Zivilisation), so schaden wir uns und der Erde. Indem wir mit freiem Willen diese Verbindung wieder herstellen, steigert sich unser eigenes Wohlbefinden. Unsere einfache Zufriedenheit wächst im Schwingen mit Sonne und Regen, mit dem Körper und der Nahrung, mit Bäumen und Blumen.

Und dann treten wir in Verbindung mit den Elementarwesen. Und diese Wesen, von den winzigsten Blumendevas bis zu den hohen Luftwesen, haben die Verbindung zur Harmonie alles Lebendigen nie verloren. Sie teilen uns etwas von ihrer Harmonie mit. Nicht umsonst gönnen sich Menschen, sobald und so viel sie es sich leisten können, Blumen, Gärten und Reisen in die Natur.

Bisher habe ich in der Erklärung zur 4. Ebene nur von der Liebe gesprochen. Würde aber das Streben nach Weisheit, nach Erkenntnis, nach einem Erfassen des geistigen Weges mit unserem klaren Denkvermögen fehlen, so bestünde die Gefahr, daß wir vor der Wirklichkeit fliehen und uns in eine romantische Verklärung des Lebens verlieren.

Was ist der Unterschied zwischen Weisheit und Wissen? Wissen ist sehr oft ein Detailwissen über einen Gegenstand, eine Person, ein spezielles Gebiet. Mit unserem Verstand und mit einer Distanz, die Objektivität genannt wird, betrachten wir etwas. Gefühl wird bei der Vermittlung von Wissen aus der Betrachtung ausgeklammert. Das allgemeine Ziel dieser Art von Wissen ist letztendlich, daß wir uns als Menschen die Erde zunutze machen zu unserem Nutzen. Sei es, daß das Wissen direkt genutzt wird zur Herstellung von Gütern für unseren Verbrauch oder zur Erlangung von gutem Verdienst, sei es, daß wir das Wissen einsetzen, um uns Macht über andere zu verschaffen.

Weisheit geht von einem ganz anderen Weltverständnis aus. Sie ist ja in dieser Betrachtung der Ebenen ein für allemal mit der Liebe verbunden. In buddhistischen Lehren werden Liebe und Weisheit als die zwei Flügel verstanden, die wir brauchen, damit unsere Seele fliegen kann. Weisheit ist ein Wissen, in dem die Dualität des Entweder-Oder aufgehoben wird, die heute das wissenschaftliche Denken und große Bereiche unseres Berufs- und Freizeitverhaltens vom sozialen Gewissen trennt. Es geht dabei keinesfalls um einen Rückzug in mystische Bereiche. Die Weisheit der Zukunft muß alle geistigen Kräfte, die die Menschheit errungen hat, integrieren. Die Weisheit, die wir brauchen, paart geistige, intellektuelle Klarheit mit Mitgefühl, detaillierte Fachkenntnisse verbinden sich mit Intuition, Menschen begegnen dem Fremden mit urteilsloser Neugier auf das Leben in all seinen Formen. Das heißt, es ist ein Wissen, das aus der tiefen Quelle menschlicher Einsicht sprudelt, daß wir mit allem, was lebt, in Schönheit, Ordnung und Harmonie verbunden sind. Das Ziel von Weisheit ist nicht, sich selbst auf Kosten anderer oder in völliger Gleichgültigkeit gegenüber dem Ganzen ein gutes Leben zu verschaffen. Es ist eher das Streben nach einem umfassenden Verstehen.

Erklärung zu den höchsten Ebenen

Über die drei folgenden Ebenen, die geistige, die monadische und die göttlich-kosmische können wir wenig aussagen. Sie sind für die normale menschliche Wahrnehmung zu hoch. Und wenn Menschen in tiefer Meditation diese Bereiche betreten haben, wenn sie »im siebenten Himmel waren«, so berichten sie in Bildern davon, die nur ganz entfernt wiedergeben können, was sie gesehen haben. Silvia Wallimann, die uns von solchen Visionen berichtet, faßt dabei die vier oberen Ebenen mit dem Begriff Kausalebene zu einer zusammen. Mir hilft es, bei dem erweiterten Schema von Alice Bailey zu bleiben. Denn wir neigen als Menschen dazu, die Dimensionen des Kosmisch-Göttlichen auf unsere Begriffe zusammenzustutzen. Man denke nur an manche Bilder und Vorstellungen vom »lieben Gott« als strengem alten Mann. Das hier vorgestellte Begriffsschema sagt: Da sind Räume geistigen Lebens, die sich in unermeßlichen Dimensionen ausdehnen, bevor wir zum Zentrum des göttlichen Weltgeistes gelangen. Sie sind von Energien erfüllt, die wir weder erfassen noch ertragen können. In solchen eher erahnten Vorstellungen liegt m.E. eine wunderbare Möglichkeit, Gott oder, wie ich lieber sage, das Göttliche ahnend zu erfassen jenseits festgelegter Religionsdeutungen. Ich verstumme. Jede Beschreibung greift zu kurz. Aber mein Herz fühlt die Wahrheit des tiefen Geheimnisses, daß wir alle Teil des Göttlichen sind. Es gibt nichts außerhalb dieser Wirklichkeit, und sie umfaßt ungeheure Weite zugleich mit vertrautester Nähe. Sie ist um mich und zugleich in mir.

Diese Erkenntnis ist der Schlüssel zur Aufhebung der Trennung von Gut und Böse. Wenn wir zu glauben beginnen, daß alles Lebendige Teil der universellen Wirklichkeit ist, so bedeutet das, daß jeder Mensch das Licht seines göttlichen Ursprungs und die Fähigkeit zur

Liebe in sich trägt, auch wenn es mitunter sehr versteckt in ihm glimmt. Diese Annahme macht es uns möglich, nach dem Licht im Anderen zu suchen. Ich lerne zu akzeptieren, daß wir alle eingebunden sind in das Ringen um Befreiung aus den niedrigen Schwingungen, daß wir alle auf dem Weg zum Licht sind.

Meditieren heißt in diesem Sinne, das umfassende Licht, die Lebensenergie, die in ihrer Grundsubstanz Liebe ist, als Wirklichkeit zu erleben.

6. Die Praxis des Meditierens

In diesem Kapitel beziehe ich mich nicht auf die Breite der Möglichkeiten zu meditieren. Das ist ein weites Gebiet. Denn seit Jahrtausenden ist Meditation in vielen Formen praktiziert worden. Vielmehr stelle ich eine bestimmte erprobte Form vor und möchte Ihnen ein tieferes Verständnis für diese Form vermitteln.

Werfen wir zuvor einen Blick auf den Reichtun der meditativen Möglichkeiten.

Wir leben, was die Formen des Meditierens angeht, in einer Zeit der Fülle, wie sie die Menschheit noch nie erlebt hat. Die Medien und die Mobilität der Weltbevölkerung machen es möglich, daß uns nahezu das gesamte uralte und neue Wissen der Menschheit, soweit es uns überliefert ist, zur Verfügung steht, um daraus zu lernen. Bis vor nicht allzu langer Zeit standen den meisten Menschen nur die geistigen Ausdrucksformen des engeren Umfeldes zur Verfügung. Ein bayrisches Bauernkind wurde katholisch, ein türkisches wurde ein Moslem usw. Das hat sich grundlegend geändert. Die individuelle geistige Praxis eines Menschen ist nicht mehr an den Bezugsrahmen des Elternhauses gebunden. Zudem hat das Christentum als traditionelle Religion unseres Kulturraumes stark an Überzeugungskraft verloren. Ein Leerraum ist entstanden. Darin herrscht weithin ein populärer Nihilismus, in dem nur dem Diesseitigen Bedeutung zugemessen wird.

In dieser Situation wächst das Bedürfnis der Menschen, Oberflächlichkeit und Naturentfremdung zu verlassen und die »alten« Tiefen des Menschseins neu zu entdecken. Diesem Bedürfnis entsprechend, nimmt der Anteil entsprechender Literatur auf dem Buchmarkt und in den Zeitschriften zu. Auch das Fernsehen stellt sich darauf ein. Natürlich kommt dabei ein ambivalentes Gemisch zustande. Wir sind ja nun einmal Menschen. Was Menschen in die Hand nehmen, verliert mehr oder weniger viel von seinem ursprünglichen Glanz. So gibt es oberflächliche und leider sogar schädliche Angebote spiritueller Gruppen und Lehren. Das soll uns aber nicht hindern, das erwachende Interesse vieler Menschen an einer tiefer verstandenen Lebendigkeit als positive gesellschaftliche Entwicklung zu würdigen.

Wir haben die noch nie dagewesene Freiheit, zu suchen und zu erproben, auf welche Weise wir am schnellsten zu einer höheren Entwicklung gelangen können. Ich bin überzeugt, daß wir genau deshalb dieses unglaublich reiche Angebot bekommen. Die hohen Lamas der östlichen Religonen wissen ebenso wie die Medizinmänner der indianischen Traditionen und andere Lehrer/innen alter Weisheiten, daß nur eine umwälzende Anstrengung es schaffen kann, das Bewußtsein der Menschheit auf eine höhere Stufe zu heben, auf der Mitgefühl und Verständnis für die Einheit alles Lebendigen wieder vorherrschen. Nur wenn wir eine solche Erhöhung der geistigen Schwingungen erreichen, wird eine Gesundung der Menschheit und des Planeten möglich. Deshalb kommen die Weisen aus allen Himmelsrichtungen und stellen ihre tief gehüteten Geheimnisse für diese Aufgabe zur Verfügung. Die Schätze der christlichen Mystik und der keltischen Kultur werden gehoben. Und aus dem Dunkel prähistorischer Vergangenheit tauchen die Umrisse tiefer geistiger Weisheit und kraftvoller Rituale ans Licht. Dazu kommen unsere eigene Kreativität und Inspiration, die uns neue Formen finden lassen.

Heute hat jede/r von uns die Freiheit, die Form des Meditierens zu suchen, mit der wir uns am wohlsten fühlen. Ja, wir können wechseln und kombinieren, wie es uns guttut. Das hilft uns, unserem Leben neue heilende und beglückende Dimensionen zu geben.

Und es ist mehr als ein individuelles Angebot, das uns als Einzelne bereichert. Die Erde braucht das. Sie braucht unseren Bewußtseinswandel, das Wachsen unserer Sensibilität und Liebe, braucht die Umkehr der Menschheit zu einem Leben in Einklang mit der Natur. So gesehen können wir uns reich und glücklich preisen, daß wir heute in einer Zeit der Fülle leben, was die Formen des Meditierens angeht.

Raum und Zeit

Es ist gut, einen Raum oder einen Platz zu haben, den wir für unser Meditieren ausgesucht und gestaltet haben. Worauf es dabei ankommt, beschreibe ich hier. Danach gehe ich darauf ein, daß es auch möglich ist, ohne einen solchen Ort zu meditieren.

Haben wir solchen Platz in unserer Wohnung, den wir für unsere Meditation ausgestalten können, so tragen wir dort das zusammen, was uns besonders tief berührt. Steine, seien es Edelsteine oder einfache, schöne Steine, gehören oft zu diesen Dingen. Ein Bild, eine Kerze, ich brauche da nicht mehr aufzuzählen. Denn wir wissen selbst am besten, was für uns eine besondere Bedeutung hat. Wichtig ist, daß die Dinge für Sie persönlich lieb und wichtig sind und daß Sie sie nicht dorthin stellen, weil Sie denken, so müßte ein Meditationsplatz aussehen. Es geht um die Schwingung, die diese Dinge im Raum und in Ihnen auslösen, nicht um Dekoration.

Welcher Ort ist zum Meditieren geeignet? Manche Menschen haben ein feines Gespür dafür. Sie fühlen sich auf bestimmten Plätzen ganz anders als auf anderen, ruhiger oder unkonzentrierter, geerdeter oder gestörter. Sind Sie sich nicht sicher, so können Sie ein Pendel oder eine Rute fragen, ob der Platz Ihnen guttut. Denn das Gespür mancher Menschen ist nicht sensibilisiert genug, um sichere Auskunft zu geben. Und die Strahlung von Erde, Umgebung und Kosmos ist nun mal an jedem Punkt eines Raumes verschieden. Wenn Sie also große Mühe haben, sich zu konzentrieren, suchen Sie lieber noch weiter, welcher Winkel der Wohnung es Ihnen ermöglicht, sich auf die innere Ruhe einzulassen.

Erleichtert wird das Zur-Ruhe-Kommen natürlich durch Stille. Eine stille Zeit, einen stillen Raum zu haben, tut uns zum Meditieren gut. Aber so etwas Kostbares wie Stille steht in der Stadt und in einem Mietshaus nicht jedem zur Verfügung. Und so können wir lernen, uns auch mit einem gewissen Geräuschpegel zu vertragen. Dafür ist es hilfreich, sich klarzumachen, daß die Geräuschstörung selber uns weniger behindert als unsere Beschäftigung mit ihr. Lehne ich das Geräusch ab, ärgere ich mich sogar darüber oder verfolge es mit meinen Gedanken, so zieht mir erst das die Aufmerksamkeit ab von der inneren Sammlung. Chris Griscom, meine wichtigste Meditationslehrerin, hat uns darüber einmal eine eindrucksvolle Lektion gegeben. Ihr Seminar fand in einem großen Saal statt. Es waren mehrere kleine, sehr muntere Kinder anwesend. Die liefen während Chris Griscoms Meditationen fröhlich durch den Raum. In der Pause wurde Chris gebeten, doch diese Störung abzustellen. Sie wies das lachend von sich und gab uns den Rat, uns mit den Geräuschen zu versöhnen. Dazu erzählte sie uns, wie sie als junge kinderreiche Mutter ihren Kindern verboten hatte, sie während der Meditation zu stören. Aber obwohl es still war, konnte sie innerlich nicht zur Ruhe kommmen. Da öffnete sie einmal die Tür und fand ihre Kinder und Katzen still wartend allesamt vor ihrer Tür sitzen. Von da an schloß sie die Tür nicht mehr beim Meditieren und lernte, die Kindergeräusche zu akzeptieren.

Das soll nun nicht für Mütter, die gerade lernen, sich einen Freiraum zu schaffen, gesagt sein als Ansporn, auf ihren Ruheanspruch zu verzichten. Stille ist und bleibt eine große Hilfe zur guten Meditation. Ich habe diese Erfahrung von Chris Griscom erzählt, um klar zu machen, daß das Entscheidende die Einstellung zu störenden Geräuschen ist. Wir haben die Wahl, sie abzulehnen. Dann behindern sie uns. Oder wir lassen sie zu, lassen sie bewußt durch uns hindurch und abfliessen. Vom Atem getragen lassen wir das Geräusch mit dem Ausatmen einfach durch uns und abfließen. Das bedarf einer gewissen Übung. Aber diese Mühe lohnt sich.

Was die beste Zeit zum Meditieren angeht, so ergibt sich aus dem Gesagten schon, daß wir die Zeit so wählen, daß wir uns möglichst entspannen können, je nach dem Lebenszusammenhang, in dem wir stehen. Ob dabei Regelmäßigkeit herauskommt, das kann unterschiedlich sein. Für einen ist es eine Hilfe, sich an eine ganz feste Tageszeit zu halten, um sich Zeit für das innere Auftanken zu nehmen. Anderen wieder gelingt das Zur-Ruhe-Kommen am besten, wenn sie sich spontan dann hinsetzen, wenn sie sich motiviert dazu fühlen. Das letztere hat den Nachteil, das all die Spielchen von innerer Abwehr und die alten Gewohnheiten unseres Emotionalkörpers dem Neuen in den Weg treten möchten. Sie können mit ihren Wenns und Abers solche Spontaneität leicht bremsen. Regelmäßige Zeiten helfen uns, die inneren Abwehrmechanismen auszuschalten, die uns in alten Zwängen festhalten wollen. Wir müssen dafür in Kauf nehmen, daß wir mal besser, mal weniger gut den Weg in die Entspannung finden. Hier steigert die Übung aber dann auch die Erfolgsquote.

Es ist gut, täglich zu meditieren. Aber ich schreibe diesen Text auch gerade für Menschen, die zu solcher Regelmäßigkeit nicht die Zeit oder den inneren Antrieb haben. Jede einzelne Meditation trägt ihren Wert in sich. Wenn Sie nur ab und zu meditieren – nun gut, dann machen Sie auf diese Weise Ihre Erfahrungen. Verschwenden Sie möglichst keine Kraft an Schuldgefühle: »Ich sollte eigentlich...« »Nun hab' ich schon wieder nicht...«

Nun möchte ich auf zwei besondere Plätze und Zeiten aufmerksam machen, die sich meiner Erfahrung nach gerade für die kleine, unkonventionelle Meditation eignen. Das erste ist der Moment nach dem Frühstück oder einer anderen Mahlzeit. Es bleiben ein paar Minuten Zeit, bevor die Arbeit wieder beginnt. Hier, am Tisch sitzenbleibend, entspannt nach der Mahlzeit oder angeregt von Tee und Kaffee, kann eine Atem-, Erdungs- oder ähnliche Meditation zu einer lieben Gewohnheit werden.

Dasselbe gilt für die Fahrt im Bus. Ich habe Zeit. Vielleicht habe ich auch einen Platz ein bißchen in einer Ecke. Es ist durchaus möglich, dann die Unruhe der Stadt und die Fahrgeräusche außen vor zu lassen und mit dem Ein- und Ausatmen einer kleinen Meditation Licht und Kraft zu tanken.

Sitzhaltung

Traditionelle Meditationen schreiben bestimmte Haltungen vor. Bei der freien Meditation ist das nicht der Fall. Aber es gibt gewisse Regeln, die zu beachten sind. Grundsätzlich ist Sitzen auf dem Stuhl oder Hocker ebenso möglich wie Liegen auf dem Rücken. Dazu kommen die klassischen Formen, im Lotos- oder Halblotossitz auf der Erde oder auf kleinen speziellen Meditationshockern zu sitzen.

Bei den verschiedenen Sitz- und Liegemöglichkeiten soll aber die Körperhaltung in jedem Fall den freifließenden Atem und eine gute Erdung unterstützen. Dazu sollte die Wirbelsäule in sich gerade ausgerichtet sein. Das ist sowohl in der Rückenlage wie bei den verschiedenen Sitzhaltungen möglich. Auch ist es gut, die Schuhe auszuziehen. Denn durch die Fußsohlen strömt der feinstoffliche Strom aus unserem Körper in die Erde. Reißverschlüsse und Gürtel, die den Bauch einengen, öffnen wir für die Meditationszeit. Denn je mehr wir uns entspannen, umso freier dehnt sich der Bauchraum. Und dieses wohlige Dehnen verstärkt das Gefühl der Erdverbundenheit in uns, das Zuhausesein in unserem Körper. Es ist kein Zufall, daß Moden und Uniformen, die den Menschen sich selber entfremden, so oft den Fuß und Bauch einengen. Das reicht vom chinesischen Füßeeinbinden bis zum Stöckelschuh. Das »Bauch rein! Brust raus!« des alten militärischen Drills und die festen Gürtel um die Uniformen finden in den zu engen Jeans ihre zivile Nachfolge. Immer geht es dabei darum, für andere oder für das eigene Selbstbewußtsein etwas darzustellen, statt frei atmend zu leben und sich angenommen zu fühlen, so wie man oder frau natürlich ist. Der lachende Buddha mit dem dicken Bauch ist das eindrucksvollste Gegenbeispiel zur heute so verbreiteten Selbstentfremdung. Mit sich, der Welt und dem Himmel im Einklang strahlt er reine Zufriedenheit aus.

Der freifließende Atem, die gerade Wirbelsäule, der uneingeengte Bauch und gute Erdung, das sind einfache, wichtige Grundlagen für jede Meditation. Beim Meditieren im Alltag, etwa im Bus, wo wir die Schuhe nicht ausziehen können, setzen wir die Füße mit der ganzen Sohle auf den Boden. Das ist übrigens nicht nur beim direkten Meditieren eine gute Hilfe, sondern immer, wenn wir festen Halt in uns spüren möchten. Das Einengen des Bauches werden wir bei der Wahl unserer Kleidung von selber verringern, je mehr wir ein Gespür dafür bekommen, wie ein uneingeengter Bauch das freie Atmen fördert. Interessant ist, wie sensibel die Mode auf das wachsende Bedürfnis in dieser Richtung reagiert. Es gibt heute keinen allgemeinen Modezwang mehr, der vorschreibt, sich einzuschnüren. Alternativ zu den modisch engen Modellen finden wir ein reiches Angebot von lockerer Kleidung.

Wer Probleme mit dem Rücken hat, wird in manchen Meditationshaltungen Rückenschmerzen bekommen. Solange die Ursachen dieser Beschwerden vorhanden sind, müssen Sie eine Haltung suchen, die dem Rücken Erleicherung verschafft. Das wird bei jedem Menschen verschieden sein. Ich halte nichts davon, mit Schmerzen weiter stillzusitzen, um eine korrekte Haltung zu bewahren. Anlehnen, hinlegen, die Beine ausstrecken, auf einem Stuhl statt mit Kissen auf der Erde sitzen u.ä. helfen, den Rücken zu entlasten. Aber auch dabei sollte eine Haltung gesucht werden, in der die Wirbelsäule gerade und der Bauchraum nicht eingeengt ist.

Disziplin

Wenn wir im Leben etwas erreichen wollen, so brauchen wir ein gewisses Maß an Disziplin. Es gilt durchzuhalten, auch wenn etwas keinen Spaß mehr macht, wenn es anstrengend und langweilig wird. Diese Forderungen sind Bestandteil des gesamten Bildungssystems und der Arbeitswelt. Aber sie beginnen nicht erst dort. Wer das Kleinkind beobachtet und versteht, daß es nicht spielt in einem tändelnden, zufälligen Sinne, sondern ständig übt, der kann nur staunen über das Durchhaltevermögen, mit dem der kleine Mensch sich Erfahrungen aneignet.

Die meisten tradionellen Meditationen enthalten die Forderung nach Disziplin. Das reicht von den Vorschriften für eine korrekte Sitzhaltung bis zu Askeseforderungen im Verzicht auf weltliche Freuden. Wie ist es zu verstehen, wenn ich nun einer gelockerten Form das Wort rede? Will ich es besser wissen als die alten Traditionen?

Das will ich keineswegs. Aber ich gehe davon aus, daß jede Form ihre besonderen Ziele hat und daß sie aus zeitgebundenen kulturellen Bedingungen erwachsen ist. Und ebenso, wie die Menschen früherer Jahrhunderte und Jahrtausende für die jeweils eigenen Bedingungen ihrer Kultur den angemessenen Ausdruck gesucht haben, so sind wir aufgefordert, geeignete Formen für unsere Zeit zu finden.

Nun gehört zu den gravierendsten Kennzeichen unserer Zeit, die zu zunehmender Nachfrage nach Meditation führen, gerade das Übermaß von Disziplin. Die Einbindung in anstrengende Lebensumstände, Wohnen, Schule, Arbeitswelt, Terminkalender, Verkehr, Mode, Nachrichten und Tagesschau (die Aufzählung könnte noch eine Weile so weitergehen) fordert unsere Anpassung und Anspannung. Unser Leben ist unglaublich reglementiert. So gehört es für manchen Menschen zu dem Lernen, die eignen Bedürfnisse zuzulassen, daß er sich ein Meditieren ohne Strenge gestattet.

Anderen Menschen wiederum tut der Halt einer strengeren Meditationsdisziplin gut, er ist Teil des heilenden Prozesses, den sie suchen. Das eine ist nicht schlechter oder besser als das andere. Auch das ist ein Heraustreten aus der Enge, die Vielfalt zuzulassen ohne Be- und Verurteilen.

Kurzum, auf die Frage: »Disziplin – Ja oder Nein?« möchte ich antworten: Wir brauchen es und die Erde braucht es, daß wir zügig vorangehen auf dem Weg zum inneren Frieden. Die für uns geeignete Form und unser eigenes Tempo zu finden, ist die Aufgabe jedes einzelnen Menschen.

Während der Meditation werden wir oft erleben, daß unsere Gedanken abirren. Das ist normal. Es ist gut, sich nicht mit Vorwürfen an sich selbst aufzuhalten. Einfach die Gedanken loslassen (was manchmal gar nicht so einfach ist!) und wieder in den Raum der Stille eintreten. Mit wachsender Übung gelingt das immer besser. Seien Sie geduldig mit sich selbst.

7. Umgang mit den Meditationsanleitungen

Zu Anfang habe ich gesagt, dieser Text solle dazu anregen, eine eigene Meditationsform zu finden. Und nun folgt im zweiten Teil die Anleitung zu einer größeren Anzahl von Einzelmeditationen. Wie können Sie damit umgehen?

Für Leser/innen, die bereits einige Meditationserfahrung haben, kann das Lesen der Anleitungen anregend wirken, diese und jene Meditation auszuprobieren. Oder es wirkt einfach inspirierend: Wie schön! Das kann man alles machen! Es fließt dann vielleicht in selbstgestalteter Form in die eigene Meditation ein.

Für Leser/innen, die mit Hilfe dieser Anleitungen neu meditieren lernen möchten, folgt ein »Fahrplan für Anfänger und Anfängerinnen.«

In jedem Fall ergibt sich aber eine gewisse Schwierigkeit bei der Frage: Wie kann ich das Gelesene in Meditation übertragen. Da gibt es zwei Möglichkeiten.

Die erste ist, den Text so oft zu lesen, bis Sie die Anleitung im Kopf haben. Dann kann es losgehen. Bitte seien Sie dabei nicht zu genau! Die Zahl der Atemzüge, die Reihenfolge der Meditationsschritte ist zwar in der angegebenen Form wirkungsvoll. Aber es schadet nichts, wenn sie verändert werden. Wichtiger als Genauigkeit ist, zu körperlicher und seelischer Entspannung zu gelangen. Das bedeutet für die Aneignung der vorliegenden Meditationen, Perfektheitsansprüche loszulassen. Gestatten Sie sich, Ihren eigenen Prozeß sich entfalten zu lassen. Wenn der Gedanke auftaucht: » Ist es so richtig? Kam nicht erst was anderes?«, lassen Sie ihn los. Machen Sie das, was Sie sich gerade vorgenommen haben, weiter. Später können Sie Ihre eigene Version mit der Anleitung vergleichen – oder auch nicht. Es kann ja sein, daß Sie jedesmal etwas verändern. So sammeln Sie Erfahrungen darüber, wann Sie sich besonders wohl fühlen. Keine der folgenden Anleitungen muß perfekt nachgeahmt werden.

Besonders bei längeren Anleitungen kann es sein, daß es Ihnen Schwierigkeiten macht, sich den Text zu merken und in der Durchführung die erwünschte Entspannung zu finden. Dann sprechen Sie sich den Text auf eine Kassette (sofern Sie einen Recorder mit Mikrofon haben). Auch dieses Aufs-Band-Sprechen sollte bereits in meditativer Ruhe erfolgen. Das wird am besten erreicht, wenn Sie zuerst eine kleine Atem- und Erdungsmeditation machen. Wenn Sie dann den Text aufsprechen, denken Sie sich so in die jeweiligen Visualisationen hinein, daß Sie sich für die einzelnen Schritte genügend Pausen geben. Lieber zu lange Pausen als zu kurze. Nicht jedes Bild stellt sich schnell ein. Außerdem ist es schön, einen erreichten Schritt ein Weilchen zu genießen, dem inneren Erleben nachzuspüren. Ganz allgemein plädiere ich aber dafür, nicht zu sehr am Meditieren nach Kassetten hängenzubleiben. Je mehr Sie es wagen, ohne diese technische Hilfe den inneren Dialog mit Ihrem geistigen Selbst zu erleben, umso mehr stärken Sie Ihr Selbstbewußtsein. Aber wenn Sie die Kassetten brauchen, so ist das ganz o.k. Um zu dem ersten Bild zurückzukehren: wir müssen kein kleines Kind unter Druck setzen, daß es möglichst schnell laufen lernt. Jede/r hat einen eigenen inneren Fahrplan.

Oft begegnet Ihnen in den Meditationsanleitungen die Aufforderung, etwas zu visualisieren, das heißt vor dem inneren Auge sichtbar werden zu lassen. So heißt es z.B. in der Baummeditation: »Laß Deine Wahrnehmung in Deine Wurzeln fließen – langsam breiten sie sich aus in die

Breite und in die Tiefe.« Damit ist nicht gemeint, daß Sie sich darauf konzentrieren sollen, sich möglichst deutlich Wurzeln auszumalen, die von Ihnen aus in die Erde reichen. Es geht vielmehr darum, unserem entspannten Bewußtsein Impulse zu geben, die es auf seine ganz eigene Weise umsetzen kann. »… in Deine Wurzeln fließen…«, da kann sich ein Gefühl in Ihnen einstellen, das sich mit Worten gar nicht genau beschreiben läßt, oder ein Bild, eine Bewegung. Lassen Sie kommen, was immer es ist. Und wenn Sie gar nichts »sehen« oder fühlen, so hat auch das sein Richtigkeit. In Ihrem Bewußtsein können, wenn Sie z.B. sehr verstandesmäßig zu denken gewohnt sind, nicht plötzlich die Kräfte der Intuition voll aktiviert sein. Vertrauen Sie darauf, daß Ihr intuitives Wahrnehmen, das die Visualisation auslöst, sich entwickeln kann und wird.

Zu den Pausen, den stillen Zeiten zwischen den Meditationschritten, möchte ich noch etwas sagen. Die Verschiedenheit der Menschen im meditativen Erleben zeigt sich gerade in dem Erleben der stillen Zeiten besonders deutlich. Die Meditationsform, die ich praktiziere und in diesem Buch weitergebe, wechselt ab zwischen Phasen, in denen wir an der Gestaltung des inneren Erlebens aktiv mitwirken und den dazwischenliegenden Stillezeiten. Für manche Menschen entfaltet sich erst in diesen Stillezeiten die innere Ruhe, ein Gefühl der Freude, des Einsseins. Oder es steigen Bilder auf, Farben, pulsierende Ströme. Bei anderen wieder gleiten in den Stillezeiten die Gedanken leicht ab. Sie ertappen sich bei Alltagsgedanken, Plänemachen, eifrigen oder aggressiven Dialogen. Da ist es ihnen eine Hilfe, durch die Vorgabe des nächsten meditativen Schrittes wieder zurückzukommen. Während die Erstgenannten am liebsten ganz in der Stille verharren möchten.

So verschieden sind wir, so unterschiedlich sind unsere Inneren Selbste. Auch deshalb möchte ich dazu ermutigen, sich nicht zu sehr von Kassetten abhängig zu machen. Lernen Sie Ihren eigenen Rhythmus kennen zwischen Anleitung bzw. denkender Teilnahme am Meditationsprozeß und der Stille, in der Sie sich dem Strom des intuitiven geistigen Seins überlassen. Auch hier gilt, daß nicht das eine besser ist als das andere. Wir haben die Wahl.

Ganz generell gilt aber: Nach jeder Meditation können Sie, wenn es Ihre Zeit erlaubt, in der Stille sitzenbleiben und sich der tiefen Entspannung hingeben. Es kann sein, daß Sie sich einfach wohlfühlen. Es ist aber auch möglich, daß Ihr geistiges Bewußtsein sich durch die Meditation vom Alltagsbewußtsein entfernt hat. Sie spüren Ihren Körper kaum noch oder gar nicht mehr. Sie fühlen sich in einen Raum der Stille, der Leere oder eines Seins, das sich nicht beschreiben läßt, versetzt. Je länger Sie Meditationserfahrungen haben, umso intensiver werden Sie solche Zustände erleben. Das kommt uns zuerst fremd vor. Es ist aber im Rahmen meditativer Erfahrung normal. Wir treten einfach in bisher ungenutzte Räume unseres Bewußtseins ein.

Es ist wichtig, nach solchem Erleben wieder fest auf die Erde zurückzukehren. Das geschieht durch bewußtes tieferes Atmen und Spüren des Erdkontaktes von Füßen oder Gesäß oder durch das Ballen und Entspannen der Hände.

Fahrplan für Anfängerinnen und Anfänger

Wenn Sie meditieren lernen möchten, so empfehle ich Ihnen, erst einmal fünf der grundlegenden Meditationen, die im zweiten Teil des Buches beschrieben sind, nacheinander einzuüben. Sie bauen aufeinander auf. Jede Meditation nimmt in ihren ersten Schritten das, was Sie in der vorigen gelernt haben, in einer Kurzform wieder auf.

Üben Sie jede Meditation so lange, bis sie Ihnen vertraut ist. Danach nehmen Sie die nächste dazu. Wenn Sie erst einmal ein Gefühl dafür entwickelt haben, daß Sie sich z.B. mit jedem Atem ein bißchen mehr niederlassen können (sich erden), dann können Sie diese Erfahrung später wieder abrufen. Dasselbe gilt für die Verbindung zu den Energien der Erde und des Kosmos. Erst einmal brauchen Sie Zeit, um überhaupt spüren zu können, daß da etwas fließt. Seien Sie nicht zu ungeduldig. Wenn der Bereich neu für Sie ist, kann es ein Weilchen dauern, bis die Übung zur Erfahrung wird. Umso schöner ist es, wenn Sie dann erleben, daß Sie den Kopf, die Denkvorstellung nicht mehr brauchen, daß Sie sich auf die innere Ruhe, auf einen Fluß von Energien einlassen können.

Menschen, die sehr kontrolliert und sehr verstandeszentriert sind, brauchen länger, um diese Konditionierung loszulassen. Sie sind stärker YANG-zentriert. Der Meditationsvorgang ist sehr intuitiv, sehr YIN-Kraftbezogen. Das wird in den Einleitungen zu den Meditationen Nr. 27 und 28 näher erklärt. Nehmen Sie diese Unterschiede ohne Bewertung zur Kenntnis. Es ist ja sowohl eine Stärke als durch seine Einseitigkeit eine Art Schwäche, sehr YANG-betont zu sein. Aber es trägt zu unserem Wohlbefinden bei, wenn die YIN- und die YANG-Kräfte in uns ausgewogener sind.Viele Meditationen dieses Buches sind darauf ausgerichtet, eine Harmonie zwischen den Polaritäten und Ungleichgewichten in uns herzustellen.

Die ersten vier Meditationen beziehen sich auf die grundlegenden Schritte der von mir empfohlenen Meditation. Das sind

- Atmen (Nr. 1: Der ruhige Fluß des Atems)
- Sich entspannen (Nr. 2: Entspannung)
- Sich erden (Nr. 3: Sich erden)
- Die Verbindung zur Erde herstellen (Nr. 4: Wurzelmeditation)
- Die Verbindung zu den kosmischen Energien herstellen (Nr. 20 und 21: Lichtmeditation)

Bei allen Meditationen, die später beschrieben werden, finden Sie als ersten oder als ersten und zweiten Schritt eine Kurzzusammenfassung dieser grundlegenden meditativen Haltung: Zu sich selbst kommen, Verbindung zur Erde und Verbindung zur Höhe.

Ich wünsche Ihnen einen guten Einstieg in die Erfahrungen, die zur Entspannung und zum inneren Frieden führen.

TEIL II

MEDITATIONEN

Im zweiten Teil des Buches gehe ich von der Anrede »Sie« zum »Du« über. Während einer Meditation finde ich das Du einfach angemessener. Ich hoffe, daß Sie sich, daß Du Dich darauf einlassen kannst, auch wenn wir uns persönlich nicht kennen.

ATEM UND ENTSPANNUNG

1. Der ruhige Fluß des Atems

Der Atem hat eine tiefe Bedeutung für das Meditieren. Im Atem erleben wir am unmittelbarsten, wie der lebendige Strom der Lebenskraft unseren Körper durchfließt. Wir schaden unserem Körper und auch dem seelischen Befinden häufig unbewußt durch ungenügendes Atmen, weil wir verlernt haben, in jeder Lebenslage für ein gutes Durchatmen zu sorgen. Das kann ein Ungleichgewicht zwischen Ein- und Ausatmen sein, ein zeitweiliges Zu-wenig- oder Zu-hektisch-Atmen. Solche Fehlversorgung hat negative Auswirkungen.

Der ruhige Fluß des Atems ist ein wunderbares Heilmittel, sowohl zur kurzfristigen Erholung und Beruhigung wie zu einer langfristigen Förderung des inneren Wohlbefindens.

- Sitze oder liege gut. Rücke Dich so zurecht, daß Du spürst: so kann der Atem gut fließen.
- Schließe die Augen.
- Beginne ruhig zu atmen. Der Atem soll dabei nicht künstlich verändert werden. Laß ihn so fließen, wie er möchte.
- Nun begleite diese Bewegung mit Deinem inneren Wahrnehmen bis ganz hinauf in den Kopf. Sie stößt gewissermaßen von innen gegen die Schädeldecke. Dann fließt der Atem zurück, und Du begleitest ihn hinunter bis zum untersten Ende der Wirbelsäule. Dort kehrt er in Ruhe um und strömt wieder aufwärts. Spüre die Bewegung immer entlang der Wirbelsäule, auf und ab, auf und ab.

Was Du verfolgst mit dem inneren Schauen, ist natürlich nicht der Weg der Atemluft. Es ist die Bewegung, die Dein Atem im Körper in Gang setzt. Indem Du diese Bewegung begleitest und verlängerst, verstärkt Du den Fluß der Lebenskraft in Dir.

Wenn Du die Übung eine Weile fortsetzt, stellst Du vielleicht fest, daß der Atem langsamer fließt. Oder er wird leichter, feiner. Beobachte einfach und befreunde Dich mit diesem Strömen. Dann kannst Du so eine kleine Atemmeditation immer einschalten, wenn Du Beruhigung und Belebung brauchst.

2. Entspannung

In dieser Meditation geht es um die Zuwendung zum eigenen Körper. Es ist ja eine erstaunliche Tatsache, daß wir als Menschen diese Zuwendung erst wieder lernen müssen. Die Erziehung in unserer Kultur, z.B. in der Struktur des Schulunterrichts, ist heute immer noch darauf gerichtet, Körpersignale zu mißachten und sich auf geistige Ziele zu konzentrieren. Ich sage »immer noch«, weil es im europäischen Raum in den letzen Jahrzehnten zahlreiche schöne Schulprojekte gegeben hat und gibt, die ganzheitliche, auf die Gesamtbedürfnisse des Kindes ausgerichtete Unterrichtsformen praktizieren. Wenig davon hat bisher an deutschen Schulen Eingang gefunden.

Durch die zwanghaften Formen des Stundentaktes in der Schule lernen die Kinder, den Körper und die Natur dem Geistigen gegenüber als etwas Geringeres zu achten. Später in der Arbeitswelt treten an die Stelle des Lernens die Ziele von Pflicht, Erwerb und Erfolg. Wieder wird das, was der Körper möchte, hintangestellt. Nicht selten muß er sich seine Rechte, wenn sie jahrelang mißachtet werden, durch Krankheiten und Unfälle einfordern. Wir lernen durch Leiden solange, bis wir verstehen, auch in Zeiten des Wohlbefindens unseren inneren Weg zur Harmonie mit dem Ganzen zu suchen und ernst zu nehmen. Dazu ist die folgende Meditation ein grundlegender Schritt. Es ist ein Weg, sich ganz einfach dem eigenen Körper wieder liebevoll zuzuwenden.

Du kannst diese Meditation ganz langsam und genußvoll zelebrieren, z.B. wenn Du im Bett wachliegst oder Dir am Wochenende etwas Gutes tun willst. Du kannst sie aber auch als Kurzform so praktizieren, daß Du für jede Stufe nur einen Atemzug nimmst. Dies kann Dir im Bus oder in einer Arbeitspause Zugang zum einfachen Wohlfühlen schenken.

- Atme in Deinen Bauch- und Beckenraum. Laß ihn sich ausdehnen, entspannen. Fühle seine Wärme, weich und kraftvoll zugleich. Mitte unseres Körpers. Langsam sinkt Dein Denken, Dein inneres Schauen und Fühlen ganz in diesen Raum hinein.
- Nun laß den Strom von Atmen und Bewußtsein durch die Hüften in die Beine strömen. Entspannung fließt in die Oberschenkel – durch die Kniegelenke – die Unterschenkel – die Fußgelenke – in die Fersen. Dann strömt der entspannende Strom durch den ganzen Fuß – in alle Zehen und streicht über die Fußsohle.
- Gehe mit dem Bewußtsein zurück in den Bauch- und Beckenraum. Spüre, wie sich der Raum vom Bauch bis in die Zehen jetzt anfühlt. Was spürst Du? Was hat sich verändert? Lausche und spüre in das lebendige Strömen in Deinem Körper.
- Nun laß langsam das Bewußtsein und den Atem in derselben Weise aufwärts steigen. Als ob Du in liebevoller Zuwendung Dein Inneres streichelst. Es fließt durch den Bauchraum und durch den Rückenraum aufwärts – es strömt in den Brustkorb hinein – durchfließt Dein Herz. Halte inne und lausche dem Herzschlag. Laß Entspannung und liebevolle Wahrnehmung durch die Atemorgane fließen. Friede breitet sich aus.
- Nun laß es Schultergürtel – Nacken – Halsraum durchströmen. Es ist gut, diesem Bereich in mehreren aus- und einfließenden Atemzügen

genügend Zeit zuzuwenden. Denn gerade im Schulter- und Nackenraum verspannen wir uns oft. Nun gib ihm Entspannung und laß im Ausatmen etwas von den alten Spannungen los.

- Stell Dir vor, wie Wasser in einem Gefäß fließt, so fließt jetzt das innere Strömen durch die Schultern in die Arme – in die Hände hinein bis in die Fingerspitzen.
- Spüre nach, wie sich das Körpergefühl im ganzen Rumpf- und Armraum verändert hat.
- Nun steigt die Zuwendung aufwärts in den Kopfraum – fließt durch das Gesicht – durch Mund- und Kieferraum – durch die Sinnesräume des Riechens – des Hörens – durch die Wangen – Schläfen – Augen – Stirn. Lächle Deinem eigenen Gesicht zu: Mein liebes Gesicht.
- Und dann geh zum Nacken zurück und laß die Achtsamkeit von dort sanft durch den Gehirnraum aufsteigen. Atme Entspannung und so etwas wie staunendes Gewahrwerden in diesen kostbaren Raum Deines Bewußtseins.
- Ruhe nun mit Deinem geistigen Bewußtsein aus. Laß das innere Wahrnehmen durch Deinen ganzen Körper leuchten wie eine Lampe, die von Deiner Schädeldecke herabstrahlt. »Mein lieber Körper« kannst Du ihm sagen, »meine Wohnung in dieser Lebenszeit, danke!«

  »Mein lieber Körper, ich möchte Dich immer besser verstehen und Dir geben, was Du brauchst.«

3. Sich erden

- Beginne mit der Atemmeditation Nr. 1. Aber dann geht es weiter.
- Richte Deine Aufmerksamkeit auf den abfließenden Atem, also auf die Bewegung abwärts. Stell Dir vor und spüre, daß bei dieser Bewegung

Dein Körpergefühl jedesmal mehr zur Erde hinabsinkt. Gib Dich diesem Gefühl hin. Laß zu, daß Du bei jeder Atemwelle ein wenig schwerer wirst. Fühle es im ganzen Bauch– und Beckenraum. Du kommst immer mehr an auf Deinem Platz, im gegenwärtigen Augenblick. Das tut gut. Gut Freund sein mit dem eigenen Bauch- und Beckenraum stärkt das Selbstwertgefühl: Hier bin ich und hier darf ich Ich sein.

- Fühle das Schwerwerden bis in die Füße hinein. Fühle Deine Fußsohlen. Denk daran, beim Meditieren im Sitzen auf einem Stuhl, die Füße mit der ganzen Sohle auf den Boden zu stellen. Die Fußsohlen haben eine ausgeprägte Empfindsamkeit. Spüre das.
- Nun nimm den Kontakt mit der Erde wahr. Fühle die Nähe zur Erde so, als ob Du ein wenig in sie hineinsinkst. Wenn Du auf einem Stuhl sitzt und die Füße den Boden berühren, so spüre den Kontakt zwischen Sohle und Boden. Im Sitzen auf der Erde und im Liegen spüre die Verbindung überall da, wo der Körper auf dem Boden aufliegt. Atme in diese Verbindung. Du ruhst auf der Erde. Sie trägt Dich. Mit jedem Atemzug nimmt das Gefühl der Schwere, des Ankommens zu.
- Mit einem oder zwei tieferen, befreienden Atemzügen, einem Aufatmen kannst Du die Meditation beenden.

VERBINDUNG ZUR ERDE

Der Kontakt zur Erde ist für jede Pflanze eine Lebensnotwendigkeit. Aber auch wir Menschen brauchen Erdkontakt. Dieses Wissen ist in unserer Kultur und Erziehung über lange Zeit ganz vernachlässigt worden. Viele Menschen sind sich ihres Kontaktes zur Erde gar nicht bewußt. Sie haben den Wurzelkontakt zur Erde verloren. Das tut uns nicht gut. Manche emotionalen und körperlichen Leiden haben darin ihren Ursprung. Die folgenden Meditationen können unseren Kontakt zur Erde stärken. Wir stellen uns vor, daß wir wie ein Baum Wurzeln haben. Mit diesem Bild beleben wir die Verbindung unseres Körpers, aber mehr noch die Verbindung unserer Gefühle, unseres Bewußtsein zur Erde. Die Meditationen zielen darauf ab, daß Du etwas spürst, ein Fließen, ein Strömen, eine innere Berührung. Es mag eine Weile dauern, ehe Du Dich dafür sensibilisiert hast. Aber irgendwann geschieht es. Du fühlst etwas fließen, Du kannst die Verbindung zu den außerkörperlichen Bereichen wieder wahrnehmen.

Verbindung zur Erde beinhaltet mehr als Wurzelkontakt. Aber dieses Mehr muß nicht vorab beschrieben werden. Die folgenden Meditationen werden es entfalten.

4. Wurzelmeditation

- Atme einige Atemzüge bis ganz hinauf zum Scheitel und ganz hinab zum Ende der Wirbelsäule, zum Wurzelchakra. Auf und Ab.

- Und nun laß in einem tiefen Atemzug den abfließenden Atem in die Erde strömen. Dabei stell Dir vor, daß Du vom Wurzelchakra, vom Ende der Wirbelsäule aus breite, tiefe Wurzeln in die Erde streckst wie ein Baum. Mit jedem abfließenden Atemzug vertiefe das Bild Deiner Wurzeln in die Erde. Wie die Wurzeln eines Baumes breiten sie sich mit ihren verzweigten Enden immer mehr aus.
- Spüre Dein altes, tiefes Einssein mit dem Mutterkörper der Erde.
- Nun nimm wahr, wie mit jedem aufsteigenden Atemzug die Kraft der Erde in Dich aufsteigt. Wie der Baum Wasser und Nährstoffe aus der Erde trinkt, so lassen wir in uns aufsteigen die lebendige, sprudelnde Lebenskraft der Erde. Lebensfreude, Lebenswille, kreative Schöpferkraft, wie sie jede Pflanze, jeden Samenschößling beseelt, steigt in uns auf. Du kannst es Dir vorstellen wie eine Nährlösung, die in einem Gefäß aufwärts steigt. Oder laß einfach im Auf und Ab des Atems zu, was für Vorstellungen kommen.
- Ruhe in der auf- und abströmenden Verbindung zur Erde.

Diese Meditation kann drei Minuten dauern (Kurzform) oder bis zu 20 Minuten ausgedehnt werden. Sie ist außerdem sehr geeignet als Anfang einer mehrstufigen Meditation.

Die mögliche Kurzform hat eine besondere Bedeutung. Du kannst sie in einer kritischen Situation überall und jederzeit durchführen. Sie kann Dir helfen bei körperlichen Beschwerden, bei Schwächegefühlen. Diese Stärkung kann Dir auch über kritische Momente hinweghelfen, z.B. im Prüfungsstreß, Dich beruhigen und in Deinem Lebensgefühl stärken. Aber sie kann auch einfach zu einer schönen Gewohnheit werden – einfach zwischendurch.

Die Kurzform kann so aussehen:

Drei Atemzüge im Körper auf und ab.
Drei Atemzüge bis zu den Fußchakren.
Drei Atemzüge in die Wurzeln, in die Erde hinein.

Drei Atemzüge lang mit dem aufsteigenden Atem die Erdenergie aufsteigen lassen.
Nachspüren. Mit einem tiefen Aufatmen die Meditation beenden.

In der Langform dieser Meditation läßt Du Dir Zeit, bis alles in Dir von den Lebenskräften der Erde ganz und wohltuend durchströmt ist, die Zellen Deines Körpers, Deine Gefühle, dein ganzes Sein.

5. Zum Herzen der Erde

Mit der vorigen Meditation haben wir gewissermaßen als ein Wesen der Erde unser Pflanzenbewußtsein aktiviert. Wir können dabei spüren, was für eine natürliche, belebende Wirkung von dieser Aktivierung ausgeht. Nun weiten wir unsere Wahrnehmung und unser Verständnis aus. Wir haben zwar dieses »Pflanzenbewußtsein«, unsere Naturverbindung zur Erde. Aber als Menschen sind wir mehr. Wir sind als geistige Wesen auf diesem Planeten, in diesen Materiekörper inkarniert. In unserer Spezies hat die Natur in Millionen von Jahren und langsamen, zielstrebigen Entwicklungen ihr Bewußtsein vergeistigt. Diesem evolutionären Prozeß entsprechend haben wir z.B. heute die Fähigkeit, uns selbst als Individuum wahrzunehmen. Das weist uns einen anderen Rang und andere Aufgaben zu als den Pflanzen. Und eben diese Fähigkeiten hat auch die Erde als lebendiges Wesen. Sie ist lebendig als ein großer, vielgestaltiger Körper. Aber auch sie ist viel mehr. Die Erde, der Planet ist ein geistiges Lebewesen mit Bewußtsein und Karma, das heißt mit einer langen Entwicklungsgeschichte, in deren Verlauf sie lernt und sich höherentwickelt. Das drücken wir aus, wenn wir Mutter Erde sagen. Und darum können wir uns der Erde als einem hohen, bewußten Wesen zuwenden. Dem dient die folgende Meditation.

- Entspanne Dich. Komm durch sanftes Atmen zur inneren Ruhe und zu einer vertieften Wahrnehmung der inneren Räume. Laß Spannungen los.
- Nun geh in Dein Wurzelchakra am untersten Ende der Wirbelsäule. Laß Dir Zeit, bis Du spürst, Du bist dort mit Deinen Empfindungen, Deiner Wahrnehmung angekommen. Ruhe ein paar Atemzüge lang in diesem Chakra.
- Dann zentriere Dich in Deinem Herzen und laß von dort aus Deine Zuwendung zur Erde wie einen hellen Lichtstrahl hinabfließen, durch Dein Wurzelchakra direkt in die Erde hinein.
- Laß diesen Strahl Deiner suchenden, erwartungsvollen Zuwendung tiefer und tiefer sinken mit dem Ziel, zum Herzen der Erde zu gelangen. Diese Reise kann eine Weile dauern. Laß Dich einfach zum lebendigen wunderbaren Herzen der Erde hinabsinken. Ruhe dort in der Stille oder in Farben oder Tönen oder dem, was Dir begegnet.
- Danke der Erde und kehre zurück in Dein Herz und in Deinen Bauch.

6. Farben der Natur

Um die Farben, die die Natur hervorbringt, in ihrer Schönheit zu erleben und zu genießen, Farben von Blumen, Blättern, Meer und Himmel, brauchen wir keine Meditationsanleitung. Mit der folgenden Meditation möchte ich aber dazu anregen, über diese Naturfreude hinaus tiefer in das Geheimnis einzudringen, warum uns diese Farben so erquicken. Farben sind Ausstrahlungen, Energieschwingungen von hoher Intensität. Wir können uns auf sie einstellen und ihre Schwingung in uns aufnehmen, wie wir etwa beim Arzt eine Bestrahlung wirken lassen. Das können wir zu jeder Tages- und Nachtzeit tun. Es ist keine besondere Meditationshaltung dazu erforderlich.

Stufen der Farbmeditation:

- Wir nehmen eine Farbe wahr, die uns anspricht, die uns guttut. Wie oft gehen wir achtlos an den schönen Farben der Natur vorbei. Oder wir freuen uns an ihnen auf einer oberflächlichen Ebene. Nun können wir verstehen lernen: da ist eine Substanz, eine Gabe, die mir angeboten wird. Das kann der Blumenstrauß auf meinem Tisch sein, Bumen und Blätter im eigenen oder im Nachbargarten, der Himmel auf dem Weg zur Arbeit oder wann und wo uns plötzlich eine Farbe anspricht. Es kann eine täglich wiederkehrende oder eine einmalige, spontane Begegnung sein.
- Wir öffnen uns dieser Farbschwingung, atmen sie eine Weile ein. Die stärkenden, heilkräftigen Schwingungen fließen in uns ein. Wir tanken regelrecht auf. Das kann kurz sein, einen Atemzug lang im Vorbeigehen bei einem ruhigen Blick auf eine schöne Blüte. Es kann ein langes, tiefes Versenken und Ausruhen sein in der Natur.

Achte darauf, in welchen Bereich Deines Körpers die jeweilige Farbe einströmt. Sie kann Dein Herz, Deinen Bauch, Dein Hals- oder Stirnzentrum nähren. Wenn Du das öfter machst, fühlst Du mit der Zeit immer differenzierter die besondere Strahlung jeder Farbe und die Reaktion Deines Körpers darauf. So wird zugleich Deine Fähigkeit sensibilisiert, die Sprache Deines Körpers, seine Reaktionen zu verstehen.

Das Strömen geht dabei nicht nur in eine Richtung, von der Pflanze zu Dir. Wir geben mit dieser Beachtung, mit diesem Zulassen einer energetischen Verbindung auch der Pflanze etwas. Dieser Kontakt ist für sie ein Bedürfnis. Sie freut sich über unsere Zuwendung. Erlebe im Ein- und Ausatmen den Austausch von Geben und Nehmen, dieses Zusammenschwingen mit der Natur als ein gemeinsames Stück Heilwerden. Ich stärke meine Verbindung zur Natur und verstärke damit den gemeinsamen Lebensfluß.

- Nun danke der Spenderin. Sag der Blume, der Himmelbläue, dem Blatt usw. in Gedanken Deinen Dank. Damit trittst Du bewußt ein in den Strom des Gebens und Nehmens. Nur zu nehmen ist eine kindliche, unreife Haltung. Wir erleben uns dabei als Bedürftige, die etwas brauchen. Während wir nun der Natur unseren Dank geben, treten wir in das Bewußtsein ein, daß wir Menschen sind, die etwas zu geben haben. Wir geben Liebe und Achtung. Wir signalisieren der Natur, der Pflanze, daß wir in ihr ein lebendiges, bewußtes Wesen sehen, wie wenig wir auch über ihre Form des Bewußt- und Lebendigseins noch wissen.

Aus den letzten Sätzen wird schon deutlich, daß diese Meditationsanleitung sich nicht auf den Kontakt mit den Farben der Natur beschränken muß. Sie kann zu einem Austausch mit dem Baum, der Blume, dem Berg als ganzes werden. Haltet diese stille Zwiesprache mit der Natur nicht für etwas Nebensächliches, Geringes. Es ist eine ganz wichtige und kraftvolle Wiederbelebung des Menschheitsbewußtseins. Lange Zeit haben sich viele Menschen unseres Kulturkreises wie Ignoranten in der Natur bewegt und tun es noch, ohne mit ihr zu sprechen oder ihre Botschaften bewußt wahrzunehmen. Nun ist es an der Zeit, wieder Sprache und Gefühl zu ihr fließen zu lassen. Damit geben wir die selbstgewählte Isolation auf, die letzendlich ja eine Illusion ist. Wir existieren nicht abgetrennt von der Natur. Schwinge Dich im Einatmen der Farben wieder ein in die lebendige Verbindung mit allem Lebendigen.

7. Eins sein mit allem Leben

Diese Meditation kannst Du im Sitzen, im Stehen, im Gehen, spontan, draußen oder drinnen zelebrieren. Sie mag Dir vertraut vorkommen, auch wenn Du sie zum ersten Mal hörst oder liest. Denn in dieser Meditation wird das in Form gebracht, was wir empfinden, wenn wir uns, ohne darüber nachzudenken, in und mit der Natur glücklich fühlen. Das kann am ersten warmen Frühlingstag sein. Es kann im rauschenden Segelboot, unterm Sternenhimmel geschehen. Dir werden sicher solche Momente tiefer Naturverbundenheit einfallen. Die folgende Meditation nimmt dieses unser Wissen auf, daß es uns guttut, mit der Natur zusammenzuschwingen. Und indem sie ihm eine Form gibt, können wir bewußt auch im alltäglichen Leben diesen Einklang mit der Natur herstellen. Das tut uns gut und dem Leben um uns auch. Denn die Naturwesen und -kräfte fühlen weit mehr, als wir ahnen, ob unsere Vibrationen mit den ihren zusammenschwingen oder ob wir von ihnen abgetrennt leben.

Ebenso wie es keine Anleitung für den Ort und die Haltung gibt, so gibt es für diese Meditation keine Zeitangabe. Sie mag einige Atemzüge dauern oder Dich stundenlang begleiten.

- Spüre Deinen Atem, den fließenden Rhythmus von Ein- und Ausatmen.
- Nimm das Ein- und Ausatmen wahr als eine Bewegung. Ausdehnen und Zusammenziehen, Ausdehnen und Zusammenziehen. Wenn Du Dir diese Bewegung eine Weile vorstellst, kann es sein, daß Du sie ganz fein, kaum sichtbar, in körperliche Bewegung umsetzt.
- Mit der Zeit weitest Du dieses schwingende Ausdehnen immer mehr aus. Irgendwann wird das Ausdehnen und Zusammenziehen zu einem stillen Tanz, der Dich mit allem Sein verbindet. Die Grenzen Deines Körpers existieren nicht mehr. Du dehnst Dich aus in die Luft um Dich, in die Erde unter Dir, den Himmel über Dir.
- Du kannst dieses Einssein ohne alles Denken einfach spüren.
- Du kannst es aber auch im Rhythmus des Atmens bewußt werden lassen. Dann singt es leise in Dir: Eins mit der Luft, eins mit dem Wasser, eins mit der Sonnenwärme, eins mit der Erde, eins mit den Pflanzen, eins mit den Tieren, eins mit dem Leben. Eins mit dem Leben.

Mit diesem Tanz beendest Du die Illusion, ein abgetrenntes Individuum, einsam in dieser Welt zu sein. Die Isolation ist zuende. Dein Bewußtsein hat die ungetrennte Einheit des Lebens wieder wahrgenommen, dessen Teil wir alle sind.

- Und nun nimm wahr die Qualität deines Atems. Es ist ein Geben und Nehmen. Du nimmst die Luft und Du gibst sie zurück. Verwandelt zwar, Du hast Dir genommen, was du brauchtest. Und das, was Du zurückgibst, ist sinnvolles Geben im Prozeß des Lebens. Geben und Nehmen. Indem Du das bewußt und bereitwillig vollziehst, trittst Du ein in die volle Würde Deines Platzes in der Natur. Alles Einssein ist Geben und Nehmen. Nur im Geben und Nehmen sind wir im Einklang mit der Erde und den Elementen. Wir können nur durch dieses Geben und Nehmen existieren.
- Und nun zentriere Dich in deinem Herzen, in Deiner Liebeskraft. Spüre die Kraft der Liebe zu allen Wesen in Dir. Bleibe weiter im Fluß von Aus- und Einatmen, von Geben und Nehmen und laß aus Deinem Herzen rosenfarbene Energie zu allen Seiten hin durch Dich fließen und über Dich hinaus. So wird der Tanz des Lebens zum Tanz der Liebe. Das Geben und Nehmen steigt nun weit hinauf über den organischen Austausch, den wir für unseren Körper brauchen. Es wird zum Tanz der Liebe, der Einheit alles Lebendigen in Harmonie. Du gibst den Fluß deiner Liebe, der aus deinem Herzen fließt, an alles Lebendige weiter. Und Du empfängst mit dem Einatmen die Liebe der Luft, des Wassers, der Erde, der Pflanzen, der Tiere. Du gibst etwas, worüber die Natur glücklich ist. Glaub es mir, es macht jede Blume glücklich, wenn sie ein Hauch deiner Liebe trifft. Und Du bekommst Liebe zurück, Du kannst spüren, wie sie Dir aus den Bäumen, aus dem Meer, aus allem Lebendigen entgegenfließt. Darin liegt ein Reichtum, der mit Worten nicht zu fassen ist. Dieser gegenseitige Liebesstrom ist Trost. Wenn Du solches Einssein erfahren kannst, bist Du nie mehr einsam. Du

bist Gebende/r und Beschenkte/r zugleich. Diese Erfahrung birgt in sich die tiefe, stille Kraft zum Glücklichsein.

8. Baummeditation

Wir gehen in dieser Meditation in unser Baumbewußtsein. Es ist uns ganz nahe, wir können darin sein wie in einem Zuhause. Wie kommt das?

Zum einen haben die Atome in unserem Körper dieses Bewußtsein als Erinnerung in sich. Wie oft und oft waren sie Atome in Bäumen im Laufe der Erdgeschichte.

Das gilt allerdings für alle Lebensformen. Aber mit den Bäumen verbindet uns mehr. Sie sind die nächsten Verwandten des Menschen im Pflanzenreich. Viele Menschen in allen Kulturen und Zeiten hatten und haben innigen Kontakt zu Bäumen. Bäume werden zu den Kulten herangezogen, häufig in Form von Symbolen. Diese Symbole stehen für das Leben in seiner Ganzheit. Dasselbe tut die folgende Baummeditation. Ich wähle dafür den Apfelbaum.

Die Meditation sollte nicht im Liegen durchgeführt werden, sondern sitzend oder stehend. Laß Dir zwischen den einzelnen Wortbildern genügend Zeit zum Visualisieren.

- Nimm im Fluß des Atems den Lebensstrom in Dir wahr.
- Laß ihn durch alle Regionen Deines Körpers strömen. Entspannung breitet sich aus.
- Laß den Atem eine Weile zwischen Bauchraum und Schultergürtel auf- und abfließen – Baumstamm – fest im Innern – kraftvolle Stärke – Holz – strömende Säfte unter der Rinde, die aufwärts und abwärts fließen – auf und ab – Rinde – Borke – atme in die rauhen Rindenschichten – Dein Mantel – er schützt Dich – das tut wohl – grüße all die kleinen Tiere, die in diesem Mantel wohnen.

- Atme eine Weile in Dein Stammbewußtsein.
- Nun laß Deine Wahrnehmung in Deine Wurzeln fließen – langsam breiten sie sich aus in die Breite und in die Tiefe – starke verzweigte Wurzeln – grüße all die Bewohner der Erde, Tiere, andere Pflanzenwurzeln, Steine, die Dir begegnen – Deine Wurzeln werden immer feiner – am Ende lebendige Fäden, die sich tief in der Erde ausstrecken – suchen – trinken – Wasser, mit Mineralien und vielen Nährstoffen getränkt – trinke – laß das Wasser durch Deine Bahnen aufsteigen – genußvoll – liebes Wasser – gib es aufsteigend weiter an den Stamm.
- Atme eine Weile in Dein Wurzelbewußtsein.
- Dann laß Dein inneres Schauen und Wahrnehmen langsam aufsteigen – durch den ganzen Wurzelbereich – aufwärts durch Deinen Stamm – und vom Halsraum aufwärts und aus den Schultern in Deine Arme fließend – breite Dein Kronenbewußtsein aus und strecke es in den Raum der Luft – Deine starken Äste heben sich aus dem Stamm – sie verzweigen sich zu Zweigen – verzweigen sich – verzweigen sich – immer feinere Äste und Zweige strecken sich ins Licht – Dein Bewußtsein umfließt den Raum Deiner Krone, die sich rundet in ihrer schönen Form.
- Atme eine Weile in Dein Kronenbewußtsein.
- Nun atmest Du in Deine Zweige – mit jeder Zweigspitze streckst Du Dich in die Luft – berührst den Himmel – der Wind wiegt uns, die Zweige, seine Freunde – tanze mit dem Wind – wiege Dich – strecke Dich – nimm die Lebensströme aus kosmischen Höhen auf durch die Antennen Deiner Zweigspitzen – laß die kosmischen Energien sanft herabströmen, daß sie alle Zweige und Äste nähren – den Stamm – die Wurzeln – die Verbindung zum Himmel durchfließt Dich ganz.
- Atme eine Weile in Dein Zweigbewußtsein.
- Nun strömt Deine Wahrnehmung in Deine Blätter – breite Deine Blattflächen aus – sie wenden sich der Sonne zu – Sonne – Lebenskraft

für die ganze Erde – öffne Dich ihr – das Sonnenlicht fließt – strömt – ergießt sich in die Blätter.

- Geh mit Deiner Wahrnehmung in ein Blatt, in eine Blattzelle – Du stehst in einem grünschimmernden Laboratorium – Sonnenlicht strömt ein – Luft strömt ein – Wasser wird aus der Erde hinaufgeleitet – staunend siehst Du den Fleiß – die Kräfte der Wandlung – Grundstoff des organischen Lebens wird produziert.
- Und Du siehst, wie die Lebensnahrung aus den Blättern in alle Zweige strömt – in alle Fruchtknospen – in jede Zelle des Baumkörpers – Wunder des Lebens – Stille und Fleiß um Dich.
- Atme eine Weile in Dein Blattbewußtsein.
- Nun laß Dich in eine Fruchtknospe im Frühling gleiten – Du träumst – geschützt von Deinem dicken, warmen Mantel – von Wind und Regen umspült – nun fühlst Du die wärmende Frühlingssonne – da dehnst Du Dich – Nahrung und Wasser wird Dir gebracht – Du wächst – Dein Mäntelchen platzt auf und fällt ab – ein liebliches Rosa breitet sich wie ein Lächeln über Deine Knospenblätter aus – Sonne, wie gut tut sie Dir – Du entfaltest Dich ihr entgegen – Du breitest Deine weiß und rosa Blütenblätter aus – Du fühlst, Du bist schön – unaussprechlich schön – der ganze Baum singt vor Freude über so viel Schönheit – es ist ein Tanzen im Licht – ein zartes Tönen von der Erde bis in den Himmel – voller Liebe grüßt Du Deine Besucherinnen, die Bienen und Hummeln und Schwebfliegen – Du lädst sie ein, Deinen goldenen Blütenstaub zu holen – sich zu laben – mit Euch zu feiern.
- Genieße ein Weilchen die Feststimmung des Baumes in seiner Blüte.
- Und dann läßt Du Deine Blütenblätter fallen – sie schaukeln in der Frühlingsluft auf die Erde – und Du bist in dem kleinen grünen Knoten, in dem das Bild des Apfels schon ruht, zu dem er befruchtet ist – langsam formt er sich – Du formst Dich zum Apfel – mit Wasser und Nahrung wirst Du versorgt – Du baust Zelle für

Zelle – Du wächst – Du rundest Dich – Du fühlst, wie Süße und Säure in Dir fließen – die Lebenskraft und Erinnerung des ganzen Baumes wird in jeden Deiner Kerne eingeschlossen – die Schutzschicht Deiner Schale färbt sich gelb und rot – wie schön und vollkommen fühlst Du Dich – erfüllt von dem Wunsch, Dich zu schenken, Deine Freude und Lebenskraft weiterzugeben.

- Ruhe eine Weile in Deinem Apfelbewußtsein – gib Dich als Nahrung hin den Menschen – den Tieren – der Erde – verschenke Dich – laß Deine Früchte los.
- Herbststurm schüttelt Dich – Du bist der Baum im späten Herbst – Deine letzten Äpfel liegen im Gras und Deine Blätter bedecken sie – langsam läßt Du alle Deine Blätter los – Du vertraust sie der Erde an, die daraus gute neue Erdkrumen macht – liebe Erde.
- Du bereitest Dich auf den Winter vor – atme in Deinen festen, starken Stamm – tief verankert in der Erde – in den dicken Rindenmantel – in die elastischen Zweige, die mit den Stürmen tanzen – in die Knospen, die sich in ihren dicken Mäntelchen an die Zweige schmiegen – langsam beginnst Du schläfrig zu werden – Du träumst Dich durch die dunklen Tage – eins mit dem Wind – eins mit Licht und Dunkelheit – mit der Erde, die Dich hält – mit Sonne und Mond und Sternen – mit allem Leben um Dich – wiege Deine Zweige im Wind und träume Dich – träume dem neuen Frühling entgegen.
- Laß es ausklingen und danke dem Baum in Dir. Nimm das Baumbewußtsein mit in Dein Leben. Es ist eine gute Kraft, die Dich nähren und mit allem Lebendigen verbinden kann. Mitunter genügen ein paar Atemzüge in Dein Stammbewußtsein, um Dich in die Mitte Deiner Lebenskraft zu bringen.

9. Sonnenaufgangsmeditation

Das Erlebnis des Sonnenaufgangs kann uns tief berühren. Schon im Vorspiel zur Erscheinung der Sonne, im zarten Wechsel der Farben am Himmel, im Morgenrot, im Gesang der Vögel entfaltet die Natur eine Fülle von erwartungvoller Schönheit. Meditieren und Einswerden mit dieser Schönheit kann sich ohne alles weitere Zutun einstellen.

In früheren Jahrtausenden haben die Menschen ein ausgeprägtes Wissen über die Bedeutung des Sonnenaufgangs gehabt. Große steinzeitliche Bauten und Kultstätten wie Stonehenge und die Externsteine sind darauf ausgerichtet, die Sonnenaufgangsstrahlen zur Sonnenwende an einem besonderen Ort aufzufangen, wie ein kostbarer Heiltrank in einem Gefäß gesammelt wird. In ähnlicher Weise haben die Kelten ihre Steinsetzungen ausgerichtet. Die Ostkirche hat diese Tradition und damit die Verbindung zur Kraftquelle des Sonnenaufgangs fortgesetzt in großen Osterritualen.

Wir können dieses Wissen um die besondere Kraft des Sonnenaufgangs an den vier jährlichen Sonnenfesttagen heute aufnehmen. Vielerorts feiern Gruppen zu den Sonnenwenden und zu den Tagundnachtgleichen Sonnenaufgangsmeditationen. Ich nenne als Beispiel die Treffen von Frauen an einem Ostseestrand zur Sommersonnenwende. In roter Kleidung feiern dort jährlich bis zu 200 Frauen mit Tanzen und Singen und stärken sich an den Strahlen der aufgehenden Sonne.

Eine besondere Bedeutung wird der Kraft des Sonnenaufgangs heute zugeschrieben bei der Stärkung der transformativen kosmischen Energien, die die Erde in ihrem Wandlungsprozeß unterstützen. Dazu sammeln sich weltweit Menschen monatlich am Tag des Vollmonds zu Sonnenaufgang, nehmen die einströmenden kosmischen Energien in sich auf und leiten sie zum Herzen der Erde.

Wenn Du eine Sonnenaufgangsmeditation für Dich oder für eine Gruppe ausgestalten willst, so findest Du in den Gebeten, Liedern und Meditationsanleitungen dieses Buches dazu reichlich Anregungen. Ich füge hier noch eine besondere Sonnenaufgangsmeditation an. Sie kann uns helfen, die besonderen Kräfte der Sonne zu dieser Zeit bewußt aufzunehmen. Ich habe die Anregung dazu dem Buch »Weisheit der Erde« von Dolores LaChapelle entnommen. Dort wird berichtet, wie ein alter Hopi seine seelische Kraft durch die Sonne wieder auffüllt (S. 332). Ich setze diesen Bericht um in die Form einer Meditation.

- An einem Ort, an dem wir einen freien Blick auf den östlichen Horizont haben, kommen wir vor dem Aufgang der Sonne zu ruhiger Sammlung.
- Wir beginnen mit dem Friedensgruß

FRIEDE ALLEN WESEN
IM OSTEN – IM SÜDEN – IM WESTEN – IM NORDEN
FRIEDE ALLEN WESEN – IN DER HÖHE UND IN DER TIEFE
FRIEDE AN DIESEM ORT – FRIEDE IN MIR

- Wenn das erste tiefe Sonnengelb am Horizont erscheint – Sonne, wir grüßen Dich.
- Viermal greifen wir mit einer Hand mit weit ausholender Geste zum ersten Sonnenstreifen und führen die Hand zum Mund – Wir schürfen das Gold der Sonne – den Sonnenpollen – Sonne, nähre unseren Körper.
- Wenn die Sonne zu steigen beginnt, atmen wir ihre Strahlung mit tiefen Atemzügen ein – Neuer, reinigender Strahl der Sonne – wir atmen Dich ein – reinige unsere Herzen – reinige unsere Gefühle – reinige unser ganzes Sein.
- Viermal schöpfen wir mit beiden Armen die Strahlen der Sonne und verteilen sie über unseren ganzen Körper – Sonne, wir kleiden uns in Deine Macht – kleide uns, Sonne – wir danken Dir.

- Während der volle Sonnenball emporsteigt – Sonne, wir nehmen Dein liebes Gesicht in uns auf – möge unser Gemüt die Fülle, die Güte und die Heiterkeit bewahren, die Du ausstrahlst.
- Wir lassen die Meditation mit einer tiefen Stille ausklingen.

10. Meditative Gartenarbeit

In den vorhergehenden Meditationen ist bereits vieles angeklungen, was wir in unseren Aufenthalt im Garten und die Gartenarbeit hineinnehmen können. Wie steht es nun mit den Eingriffen in die Natur, mit dem »Unkraut«-Jäten, Büschebeschneiden und dem Fällen von Bäumen? Wie können wir bei diesen Arbeiten die Harmonie mit der lebendigen Pflanzenwelt aufrechterhalten?

Ich kenne manche Menschen, die in ihrer neuerwachten Liebe zur Natur um jedes Gänseblümchen, das abgemäht wird, trauern und jeden Baumsprößling retten möchten. Das ist zwar rührend, es entspringt aber einer romantischen Verklärung der Natur, die einen paradiesischen Zustand immerwährenden Wachstums herbeisehnt, der nicht der Wirklichkeit entspricht. Die Wandlung, das Vergehen der Lebewesen ist ein Teil des Naturkreislaufs, gleichwertig dem Aufblühen und Früchtetragen. Pflanzen schwingen viel bereitwilliger in diesem Kreislauf als Menschen, die den Gedanken an Altwerden und Sterben am liebsten verdrängen möchten. Auch, daß ein Lebewesen, sei es Wasser, Mineral, Pflanze oder Tier, sich Raum und Lebenskraft verschafft auf Kosten anderer Wesen, ist Jahrmillionen vor dem Erscheinen des Menschen bereits Teil des Zusammenlebens in der Natur gewesen. Auch uns Menschen steht es zu, unseren Raum einzunehmen, unsere Lebenswelt zu gestalten. Ich habe in den vorhergehenden Meditationen gezeigt, was das heißt, in Einklang mit der Natur zu schwingen. Wenn wir in solch einem einfühlenden und respektvollen

Kontakt mit unserem Garten leben, so können wir ihn auch ohne schlechtes Gewissen pflegen. Wir können zugleich eine Unkrautpflanze ausziehen und sie für ihren Fleiß loben, daß sie immer alles begrünen will. Aber wir erklären ihr, wie wir unsere Beete gern haben möchten.

Wenn wir größere Eingriffe vornehmen, Stauden und Büsche versetzen, Bäume fällen, so hilft es ihnen, das ohne plötzliche Schrecken zu überstehen, wenn wir ihnen einige Zeit vorher Bescheid sagen und ihnen erklären, was sie erwartet.

Ich möchte so einen Eingriff an einem Beispiel schildern. Ein Ahorn ist mitten in dem schmalen Blumenbeet am Rand meines Rasens hochgeschossen. Zuerst freundlich geduldet, überragt er in wenigen Jahren schon alle Büsche und Bäume. Der Nachbar blickt bedenklich. Und auch mir ist klar, wie groß ein Ahorn wird. Er paßt überhaupt nicht in diese Gartengestaltung. So spreche ich mit ihm und erkläre ihm, daß ich ihn fällen möchte.

Als Schülerin von Marko Pogačnik gehe ich davon aus, daß in dem physischen Körper des Baumes ein Baumfaun wohnt. Er sorgt für den Baum. Wenn nun der Baumkörper zerfällt und wieder zu Humuserde wird, stirbt der Faun nicht. Vielmehr übernimmt er eine neue Aufgabe. Das war in früheren Zeiten kein Problem, weil er meistens junge Schößlinge in seinem Umkreis finden konnte. Weit wandern kann er nicht, um einen neuen Baum zu suchen, der einen Faun braucht. Denn der Faun ist wie viele Erdwesen an seinen Bestimmungsort gebunden. In meinem Garten wird der Ahornfaun keinen jungen Baum finden, in den er gehen könnte. So lege ich ihm einen Stein an den Stamm und bitte den Faun, sich darauf zu setzen, wenn er zu einem anderen jungen Baum getragen werden möchte. Später lege ich den Stein an einem neugepflanzten Baum an der Straße nieder. Mit der Wünschelrute oder dem Pendel kann ich bei all diesen Schritten fragen, ob es dem Faun und dem neuen Baum so recht ist.

Diese Betrachtung macht deutlich, daß Leben im Einklang mit der Natur nicht auf die Zeiten spezieller Meditation beschränkt sein kann. Eine kleine Anregung möchte ich noch anfügen. Die Naturwesen lieben es, eine kleine Region im Garten zu haben, die ihnen allein gehört. Wenn es die Gartengröße erlaubt, teile ihnen ein Eckchen ab. Du kannst es mit einem Flechtzaun umgeben oder auf andere Weise sicherstellen, daß dieser Raum von Dir respektiert wird. Oder Du kannst ihnen einen Platz besonders gestalten mit Steinen, Wurzeln und dergleichen.

11. Ur -Elementarebene

Mein Lehrer Marko Pogačnik erzählt in seinem Buch »Wege der Erdheilung«, daß er mit Hilfe der Naturwesen in dem Märchen Schneewittchen tiefe Weisheiten entdeckt hat, die uns neue Dimensionen erkennen lassen in der Beziehung des Menschen zur Elementarebene der Erde.

Schneewittchen, die göttliche Seele, die auf der Erde inkarniert ist, erlebt die Bedrohungen durch das Leben auf der Erde. Auf ihrer Flucht vor den Gefahren der Welt kommt sie zur Urelementaren Ebene der Erde, zum Zwergenhaus. Sie findet dort Schutz und Nahrung. Und nachdem sie alle Zwergenbetten ausprobiert hat (eins war zu groß, eins zu klein), findet sie das passende Bett, die Form, die genau ihren Maßen entspricht.

Das Zwergenhaus ist auch für die Zwerge, die Elementarwesen der Erde, nicht ständiger Aufenthalt. Tagsüber arbeiten sie in der Erde. Aber abends kehren sie zurück, um aufzutanken.

Schneewittchen in dem passenden Bett, in dem Haus, das ihr Schutz, Nahrung und neue Kraft gibt, das ist ein inspirierendes Bild für das, was uns erwartet, wenn wir zum Auftanken in die Urebene der Erdenkraft gehen. Wir können uns vorstellen, daß im Lebensplan der Erde das Modell für mich niedergelegt ist, für meinen Körper, wie er in seiner vollkommenen Form geplant ist, so wie im Apfelkern der Plan des vollkommenen Apfelbaumes schon vorhanden ist. Sein Leben lang kann ein Apfelbaum auf dieses Modell zurückgreifen. Wird er beschnitten, so bemüht er sich immer wieder, die ausladende Krone in der typischen Form, die ihm zugedacht ist, zu bilden.

Da ist unsere Urform, das passende Bett für uns tief im Erdbewußtsein, da ist die Nahrung, die wir brauchen, um zu unserer Ganzheit zu finden. Marko Pogačnik betont, wie sehr die Seele zu ihrer Entwicklung auf die Erdenkräfte angewiesen ist. Ohne diese Kräfte ist sie auf der Erde hilflos, außerstande, zu agieren.

Hier nun die aus diesem Wissen entstandene Meditation:

- Komm mit der Beobachtung des Atems zu Entspannung und vertiefter Wahrnehmung.
- Nun visualisiere, wie Du langsam in die Erde hineinsinkst. Du sinkst tiefer und tiefer, bis Du fühlst, Du bist angekommen in der tiefen Lebenskraft der Erde. In welcher Form Du diesen Platz erlebst, das kannst Du frei gestalten aus Erahntem, Wahrnehmen und behutsamem Ausgestalten. Es mag eine Höhle sein oder ein Schneewittchenbett. Es kann auch ein Steinbett sein wie die Einweihungssärge in den Externsteinen und in der Cheopspyramide, ein Platz im Wald oder was sich Dir zeigt.

Es schadet auch nichts, wenn Du kein Bild hast. Wichtig ist nur, daß Du Dir Zeit läßt, um in einen tiefen Raum der Geborgenheit und Erdenkraft zu kommen.

- Hier ruhe und tanke auf. Laß Deinen ganzen Körper, Deine Gefühle, Dein ganzes Sein sich auftanken mit den Energien der Erdenkraft.
- Es mag sein, daß Du spürst, was gerade jetzt für Dich dran ist: etwas loslassen, still in der Geborgenheit ruhen, einen guten Rat bekommen oder Dich aufladen mit neuem Lebensmut.

- Wenn es genug ist, steige wieder an die Erdoberfläche zurück in Dein Alltagsbewußtsein.
- Danke der Erde.

12. Die Nahrung segnen

Ich möchte es nicht zu einem Soll erheben, vor dem Essen seine Nahrung zu segnen. Es kommt auf die Umstände an, auf den Kreis der Menschen, in dem Du Dich bei der Mahlzeit befindest. Aber wenn Du das Bedürfnis und die Gelegenheit dazu hast, so ist das Nahrungssegnen eine schöne Bereicherung unseres Weges zu einem gesunden Leben. Anders als beim traditionellen Tischgebet gehen wir dabei nicht davon aus, daß eine Kraft von außen, von oben angerufen wird. Das Segnen ist eine Kommunikation zwischen den Nahrungsmitteln, die da vor mir liegen und mir. Denn sie wie ich sind mit lebendigen Schwingungen erfüllt. Die tauschen wir aus. Wir stärken uns gegenseitig.

- Hebe Deine Hände leicht über den gedeckten Tisch. Du magst sie während des Segnens hin und her schwingen lassen, zur Teekanne, zum Salat usw.
- Laß einen Strom von Liebe und Lebenskraft aus dem Herzen und den Händen in die Nahrung fließen.
- Dann nimm auf, daß aus dem Essen selber ein Strom von Liebe und Lebenskraft zu Dir fließt. Mit dem Aus und Ein des Atems kannst Du dieses gegenseitige Geben und Nehmen begleiten.

Du kannst als Segensspruch in Gedanken oder hörbar dazu sprechen: Ich segne die Nahrung, die Nahrung segnet mich. Das können wir auch singen. Mit Kindern macht es Spaß, die einzelnen Dinge zu benennen: Ich segne die Kartoffeln, die Kartoffeln segnen mich, usw.

Die Anregung zu diesem Lied habe ich in Findhorn bekommen. Wir saßen ausruhend in der Sonne auf einer Wiese. Neben mir summte ein irischer Sänger vor sich hin. Die kleine Melodie berührte mich sofort. Nach einer Weile sagte er: »I've got a song!« Und er sang: »I bless the Earth, She blesses me, I bless the Earth, She blesses me.« Ich habe das aufgenommen in der untenstehenden Weise.

Dieses Lied kann bei der Gartenarbeit und beim Wandern beliebig ausgestaltet werden: »Ich segne die Bäume ... die Blumen ... die Vögel ...«

Die folgenden Meditationen im Abschnitt VERBINDUNG ZUR ERDE eignen sich für Gruppenmeditationen und -rituale. Sie können auf die verschiedenste Weise draußen und drinnen eingesetzt werden.

13. Schwingen im Rhythmus der Erde

Diese Bewegungsmeditation ist geeignet als angeleitete Gruppenmeditation. Sie kann im Stehen oder Sitzen zelebriert werden. In jedem

Fall muß genug Raum für jede/n zum Ausbreiten der Arme vorhanden sein. Zwischen den Wortbildern genügend Zeit zur Visualisation lassen.

- Komm zur Ruhe.
- Spüre durch die Füße und das Wurzelchakra die Verbindung zur Erde. Atme diese Verbindung aufsteigend in Dich hinein.

- Langsam hebt sich nun Deine rechte Hand seitlich ausgestreckt bis in Brusthöhe – die Handfläche ist wie eine Schale geöffnet – geh mit Deinem Bewußtsein in Deine rechte Hand – fühle das erwachende junge Leben der Erde in ihr ruhen – Lebenskraft der Erde – Sonnenaufgang – Frühlingskraft – sprießender Same – zart aufwachsendes Leben – es entfaltet sich – Schönheit der Frühlingsblüte, des Morgenhimmels – Wunder des neugeborenen Kindes – Kraft des jungen, sich entfaltenden Menschen – Frühlingskraft der Erde – Vollkommene Schönheit.
- Ruhe in diesem Bewußtsein.

- Langsam geht nun Deine rechte Hand im Bogen zum Herzen – lege die ausgebreitete Hand auf Herz und Solarplexus – die Frühlingskraft der Erde fließt in Deinen Körper hinein – die rechte Hand sinkt herab.

  Dein Bewußtsein ist nun ganz in Deiner Mitte – Sommerkraft – Zeit der Reife – der Sonnenwärme – der Fülle – erfülltes Leben – Erwachsensein – Lust und Genuß – Schönheit und Glücklichsein.
- Ruhe in diesem Sommerbewußtsein, in der Fülle des Lebens.

- Die linke Hand hebt sich langsam – legt sich auf Herz und Solarplexus und nimmt das Bewußtsein der Fülle auf – dann streckt sie sich mit nach oben geöffneter Handfläche zur Seite aus – Herbstbewußtsein –

die Früchte reifen – Erntezeit – Sammeln und Einbringen der Nahrung – genieße das Herbstbewußtsein – Ernten – Reife.

- Kehre langsam die Handfläche zur Erde – das Laub färbt sich gelb und rot – es fällt vom Baum – die letzten Früchte fallen – sie werden wieder zu Erde – der Mensch altert – er wird gebrechlich – die Sonne geht unter – es wird kalt.

- Und mit dem Kreislauf des Vergehens sinkt Deine Hand langsam herab bis vor den unteren Bauchraum – Sterben – Winter – Dunkelheit – Todesstille – der Mensch stirbt – Bäume stehen kahl – die Natur erstarrt im Frost – Dunkel und Stille – nimm das Dunkle als lebendigen Bestandteil des Lebens an – spüre, wie Du eine schwere Last herabsinken lassen kannst – laß los das Wehren gegen Schmerz und Verlassen – ahne, daß Du loslassen kannst die Angst vor dem Sterben – alles Leben ist eins – Wachsen und Vergehen – Leben und Sterben – Helle und Dunkel – laß Dich ein auf den Rhythmus der Erde – ruhe in diesem Bewußtsein.

- Und dann bewegt sich langsam die rechte Hand der linken entgegen und es legt sich Handfläche an Handfläche wie in nach unten gerichteter Gebetshaltung – in der Tiefe der Erde ruht das Samenkorn – fühle es zwischen Deinen Händen – die Erde ist nicht tot – der Winter ist nur ein Schlaf, ein Ruhen – in Deinen Händen schläft das lebendige Leben – die Kraft zum Neubeginn – spüre das Pulsieren des Lebenskeims in der Dunkelheit – Lausche auf das Geheimnis der Erde – träumendes Leben im Schoß der Nacht.

- Und dann beginnst Du aufs Neue den Tanz des Lebens.

Langsam hebt sich Deine rechte Hand. Der Arm streckt sich wieder seitlich aus bis in Brusthöhe. Deine Hand trägt den Samen, der in ihr ruht, ins Frühlingslicht. Und Du wiederholst die Phasen des Lebens, die Frühlingsphase der Vollkommenheit, die Sommerphase der Fülle, die Herbstphase der Ernte und Wandlung und die Winterruhe im Dunklen. So schwingst Du Dich ein in die Einheit mit dem Leben der Erde.

Wiederhole den Lebenskreis noch ein drittes Mal. Zum Schluß hebe deine Hände zum Herzen und nimm das lebendige ruhende Samenkorn, das Ja zum Leben, in Dein Herz auf.

14. Die vier Elemente

Es ist ein wesentlicher Bestandteil von Naturmeditationen, die Verbindung zu den vier Elementen Erde, Wasser, Feuer und Luft herzustellen und immer mehr zu vertiefen. Denn mit dem Begriff der vier Elemente beschreiben wir das Leben im Großen und im Kleinen. Er umfaßt im Großen die Gesamtheit des organischen und mineralischen Lebens, dazu mit der Einbeziehung von Luft und Feuer alle Formen des materialisierten Universums. Im Kleinen beschreibt er zugleich den Stoff, aus dem mein Körper ist. Damit hilft dieser Begriff uns, zu erkennen, was mit dem indianischen Ausspruch gemeint ist: »Wir sind ein Teil dieser Erde.«

In vielen meiner Meditationen findest Du die Verbindung zu den Elementen integriert. Ich beschreibe zusätzlich eine spezielle Elemente-Meditation. Du kannst die ganze Meditation durchführen. Aber Du kannst auch nur einen der beiden Teile nehmen. Der erste Teil führt in die Verbindung mit den Elementen. Der zweite Teil läßt uns unseren Körper als Teil des elementaren Lebens spüren.

Dazu füge ich eine gesungene Anrufung aus dem reichen Schatz der Elementelieder, die wir aus dem englischsprachigen Raum übernommen haben.

- Komm mit dem ruhigen Atem hier und jetzt an.
- Spüre, wo Dein Körper die Erde berührt. Atme und fühle ein Weilchen diese Verbindung zwischen deinem Körper und der Erde. Fühle, wie Du auf ihr ruhst, wie sie Dich trägt.
- Nun nimm wahr, wo überall Deine Haut die Luft berührt. Fühle ein Weilchen die sanfte Verbindung zwischen Deinem Körper und der Luft.
- Nun fühle die Raumwärme um Dich. Feuer, Sonnenwärme um uns oder Wärme aus den Energien, die die Sonne in Jahrmillionen auf der Erde gebildet hat. Wärme, sanfter Feuerstrom um mich.
- Wasser, wo bist Du um mich, wo berührst Du mich? Spüre das Wasser unsichtbar in der Luft, die Du atmest. Visualisiere, wie der Regen auf Dich fällt, fühle das Wasser des Sees und des Meeres, in dem Du gebadet hast. Fühle die Dusche, die Dich am Morgen belebt. Wasser, ich atme die Verbindung zu Dir.
- Ich grüße Euch, Ihr Elemente, mit denen ich verbunden bin. Ruhe eine Weile im Aus- und Einatmen in dem tiefen Bewußtsein Deiner Verbindung zu den Elementen.

- Nimm nun im inneren Schauen Deinen Körper wahr – die Haut – die Muskeln – das Knochengerüst – Sehnen und Adern – die Organe – diese Vielfalt in Dir – ein Gebäude – ein lebendig wirkender Organismus – gebaut aus den Substanzen der Erde – Du bist Erde.

- Staune ein Weilchen in dieses Wunder der belebten Materie hinein – ständig werden Zellen ab- und aufgebaut – neue Materie wird zugeführt – Altes wird abtransportiert – Materie in tätiger Bewegung – Dein Erdekörper.
- Und alles durchströmt von Wasser – Wasser in jeder Zelle – das Wasser Deines Lebens, Blut strömt durch Deine Adern – sieh es vom Herzrhythmus bewegt durch Dich strömen bis in die feinsten Verästelungen – Dein Blut – tätiges Wasser des Lebens – und so viel mehr machst Du in mir, Wasser – lausche in all die Flüssigkeiten in Dir – Du bist Wasser.
- Nun nimm bewußt wahr, wie Du die Luft in Dich hineinatmest – sieh im inneren Schauen, wie die Luft Deine Lungenbläschen füllt – wie Deinem Ausatem die verbrauchte Luft, das Kohlendioxid mitgegeben wird – Du gibst es zurück – und wieder nimmst Du neue Luft auf – Sauerstoff für Deinen Körper – Lebensatem – Luft – ich brauche Dich – ich bin Luft.
- Ruhe im Aus und Ein des Atems.
- Und nun lausche in das Feuer in Dir – fühle die Wärme Deines Körpers – atme eine Weile in das Wunder des Lebens, daß Dein Körper immer seine Temperatur hält – Sommer und Winter – Tag und Nacht – fleißiges, nimmermüdes Heizwerk in Dir – und die Verbrennung – die Kraft der Wandlung in meinen Magen- und Darmräumen – mein kluger Körper – wie wenig verstehe ich mit meinem Verstand von all dem, was Du in den Tiefen in mir wirkst, Feuer der Wandlung.
- Atme in die Kraft des Feuers in Dir.
- Und dann sei einfach in Dir – sei Erde, Wasser, Luft und Feuer – lebendige elementare Kraft – durchflutet vom Geist – Wohnung Deiner Seele.
- Ruhe im Sein.

15. Die vier Himmelsrichtungen

Es ist ein vielgeübter Brauch, Gruppenveranstaltungen, die uns in eine tiefere Verbindung zur Erde führen sollen, mit einer Anrufung der Himmelsrichtungen zu beginnen. Dieser Brauch kommt aus der indianischen Tradition. Dabei werden den vier Himmelsrichtungen je nach der speziellen indianischen Überlieferung Farben, Tiere, männliche und weibliche Qualitäten und Elemente zugeordnet.

Ich beschreibe hier keine der traditionellen indianischen Formen, sondern die schlichte Anrufung, die ich mit Gruppen praktiziere. Dabei gehe ich davon aus, daß wir mit hohen bewußten Wesen sprechen, wenn wir die Kräfte der Himmelsrichtungen anrufen. Marko Pogačnik beschreibt in seinem Buch »Elementarwesen«, daß die Erde allenthalben von hohen Naturwesen betreut wird, die, meist den Luftwesen zugeordnet, z.B. als Landschaftsengel für das Gleichgewicht, die Heilung und Reinigung eines großen Gebietes sorgen. So stelle ich mir die Kräfte der Himmelsrichtungen vor.

Die Gruppe kann sich gemeinsam jeweils der Himmelsrichtung zuwenden, die angerufen wird. Es ist auch eine gute Verstärkung der rituellen Kraft, Räucherwerk (getrockneten Salbei, Sweetgras, Beifuß, Lavendel usw.) in einer Schale oder Muschel zu entzünden und den Rauch während der Anrufung in die betreffende Richtung zu senden.

- Wir grüßen Euch, Kräfte des Ostens – Kräfte der aufgehenden Sonne – des Morgens – des Frühlings – des neugeborenen Lebens – der Jugend .
- Wir bitten Euch, kommt zu uns – wir brauchen Euch – stärkt uns – belebt uns mit Euren Gaben – kommt, Kräfte des Ostens.

- Wir grüßen Euch – Kräfte des Südens – des Sommers – der Mittagssonne – des reifenden Lebens – des erwachsenen Menschen – Kräfte der Fülle.
- Wir bitten Euch, kommt zu uns – kommt mit Eurer Kraft und Euren Gaben zu uns – wir brauchen Euch – kommt, Kräfte des Südens.

- Wir grüßen Euch, Kräfte des Westens – Kräfte des Herbstes – der Ernte – der Reife – Kräfte des Sonnenuntergangs – des Alterns – der abnehmenden Kräfte – der Wandlung.
- Wir bitten Euch, kommt zu uns – wir brauchen es, Eure Gaben und Eure Weisheit in unser Leben zu integrieren – Kommt zu uns, Kräfte des Westens.

- Wir grüßen Euch, Kräfte des Nordens – Kräfte der Dunkelheit – der Nacht – des Winters und des Todes – Kräfte der eisigen Stürme und der geistigen Klarheit.
- Wir bitten Euch, kommt in unsere Mitte mit Eurer Weisheit und Kraft – helft uns, Euch als Teil des Lebens zu verstehen und anzunehmen – stärkt unsere Weisheit und Geduld, Kräfte des Nordens.

16. Die sieben Richtungen

Die eben beschriebene Anrufung wendet sich in die vier Himmelsrichtungen. Sie hat die Form eines Gruppengebetes und ist damit einem bestimmten Zweck zugeordnet.

Eine umfassendere Bedeutung hat die Anrufung der sieben Richtungen. Sie werden auch als der heilige Raum bezeichnet. R. J. Stewart beschreibt in seinem Buch »Erdlicht«, was das Verständnis der sieben Richtungen alles beinhaltet. Als planetarische Richtungen sind sie auf die vier Himmelsrichtungen, auf die vier Elemente, auf die vier Jahreszeiten und andere Bestandteile innerhalb der Ganzheit des lebendigen Planeten Erde ausgerichtet. Ihre menschliche Ausrichtung umfaßt Oben – unten – innen – vorne – hinten – rechts – links. In einer anderen Deutung umfassen sie die Sterne (oben) – die Anderswelt (unten) – das Land (Oberfläche) – Osten – Süden – Westen – Norden.

Die Anrufung der sieben Richtungen bringt uns auf vollkommene Weise in die Verbindung mit allem Lebendigen. Von daher können wir sie auf die verschiedenste Weise einsetzen. Sie kann zu unserer Zentrierung dienen, sie kann die Einleitung zu tieferen Meditationen sein. Magische Praktiken, in weißer wie schwarzer Magie, beginnen stets mit der Zentrierung in diesem Raum. Das unterstreicht die starke Kraft dieser Visualisierung. R. J. Stewart leitet in seinem Buch zu einer Besonderheit der Naturerfahrung an, zum Kontakt mit der Feenwelt. Da wird die Anrufung des heiligen Raumes an den Beginn eines solchen Kontaktes gesetzt.

Wenn die letzten beiden Beispiele der Verwendung der Sieben Richtungen Dich ein wenig mißtrauisch gemacht haben, auf was wir uns da wohl einlassen, so möchte ich solche Sorgen zerstreuen. Wir haben die Möglichkeit, uns in unbekannte Bereiche zu begeben. Aber wir können das selber wählen. Je differenzierter unser Wissen ist, umso größer werden auch unsere Möglichkeiten, Wege zu heilenden und stärkenden Bereichen des Erdbewußtseins zu gehen. R. J. Stewart sagt dazu: »Je mehr wir uns auf die (sieben) harmonisierten Richtungen und Energien ausrichten, um so wirksamer werden diese in uns selbst; sie gleichen viele Unausgewogenheiten in uns aus und befreien träge oder blockierte Energien. Das Muster entspricht den natürlichen Richtungen des Planeten und hat eine starke Wirkung auf unsere eigene Energie und unser Bewußtsein, wenn wir mit ihm arbeiten.« (a. a. O. S. 83)

Ich stelle Euch die beiden Formen der Anrufung der sieben Richtungen vor, die ich häufig benutze. Die erste ist eine uralte Gebetsformel. Die zweite, das Gebet der Navajos, habe ich dem Buch »Gesang des Regenbogens« entnommen. In der ersten Anrufung nehme ich eine bestimmte Position ein. Ich trete in den heiligen Raum nicht nur als Bittende (das mag später durchaus dazukommen) oder als neutral sich Orientierende. Ich trete in die Verbindung mit allem Lebendigen mit einem Segensgruß ein. Das indianische Gebet spricht in seiner umfassenden und zugleich poetischen Kraft für sich. Ich liebe es sehr.

Das Kapitel Verbindung zur Erde wird dann beendet mit einem Lied. Du kannst es singen und summen, tanzen und in der Verbindung zur Natur leben, z.B. beim Baden im Meer oder beim Wandern.

17. Friede allen Wesen

Gebet

FRIEDE ALLEN WESEN
IM OSTEN – IM SÜDEN
IM WESTEN – IM NORDEN
FRIEDE ALLEN WESEN
IN DER HÖHE UND IN DER TIEFE
FRIEDE IN DIESEM RAUM
FRIEDE IN MIR

18. Gebet der Navajos

MIT SCHÖNHEIT ORDNUNG
UND HARMONIE VOR MIR
GEHE ICH EINHER
MIT SCHÖNHEIT ORDNUNG
UND HARMONIE HINTER MIR
GEHE ICH EINHER
MIT SCHÖNHEIT ORDNUNG
UND HARMONIE ÜBER MIR
GEHE ICH EINHER
MIT SCHÖNHEIT ORDNUNG
UND HARMONIE UNTER MIR
GEHE ICH EINHER

VON OSTEN
IST DIE SCHÖNHEIT ORDNUNG UND HARMONIE
WIEDER HERGESTELLT WORDEN
VON SÜDEN
IST DIE SCHÖNHEIT ORDNUNG UND HARMONIE
WIEDER HERGESTELLT WORDEN
VON WESTEN
IST DIE SCHÖNHEIT ORDNUNG UND HARMONIE
WIEDER HERGESTELLT WORDEN
VON NORDEN
IST DIE SCHÖNHEIT ORDNUNG UND HARMONIE
WIEDER HERGESTELLT WORDEN
VON DER HIMMELSHÖHE
IST DIE SCHÖNHEIT ORDNUNG UND HARMONIE
WIEDER HERGESTELLT WORDEN

VON DER ERDENTIEFE
IST DIE SCHÖNHEIT ORDNUNG UND HARMONIE
WIEDER HERGESTELLT WORDEN
IN DIESEM KREIS
IST DIE SCHÖNHEIT ORDNUNG UND HARMONIE
WIEDER HERGESTELLT WORDEN
IN MIR
IST DIE SCHÖNHEIT ORDNUNG UND HARMONIE
WIEDER HERGESTELLT WORDEN

19. Lied: Ich schwinge mit dem Strom der Kraft

ÜBER DIE ERDE HINAUS

20. Lichtmeditation I

- Achte eine Weile auf den ruhigen Fluß Deines Atems.
- Spüre, wie sich durch das bewußte Atmen langsam Ruhe und Entspannung ausbreitet.
- Begleite die Ausbreitung der Entspannung durch alle Regionen Deines Körpers Schritt für Schritt von unten nach oben wandernd mit Deinem inneren Schauen.
- Nun geh mit der sanften Atembewegung in Deinen Kopf, zum höchsten Punkt Deines Kopfes an der Schädeldecke und atme durch diesen Punkt hindurch. Wie eine Krone oder Blüte auf Deinem Kopf ruhend, befindet sich dort Dein Kronenchakra, das Energiezentrum, das die Schwingungen aus hohen kosmischen Bereichen aufnimmt und dem Körper zuführt. Atme in Dein Kronenchakra und stelle es Dir vor wie eine geöffnete Seerose.
- Nun visualisiere, wie strahlendes Sonnenlicht auf die Seerose herabströmt. Und werde Dir bewußt, daß ebenso, wie Sonnenlicht das Land überstrahlt, der Lebensraum der Erde durchstrahlt wird von den strömenden, pulsierenden Energien kosmischer Schwingungen. Sie sind unser Lebensatem, die Kraft, aus der wir leben. Aber da strömt mehr. Nimm wahr, daß aus den höchsten Ebenen des Seins göttliche Liebesenergie strömt, goldenes Licht, reine Liebeskraft, Quelle allen Lebens. Und dieses wunderbare, weißgoldene Licht wartet darauf, von Deinem Bewußtsein gerufen, verstärkt in Dich hineinzufließen.

- Und so beginnst Du, es durch Dein Kronenchakra einzuatmen. Bitte: »Komm, weißgoldenes heilendes Licht – durchströme mich – erfülle jede Zelle meines Körpers mit Deinen hohen Schwingungen – ströme durch meine Gefühle – ströme durch meinen Geist.«
- Laß Dir Zeit, den Fluß des heilenden Lichtes zuzulassen. Mit Deinem inneren Schauen kannst Du es begleiten. Du kannst es durch Deine eigene Vorstellung im Körper verteilen. Aber Du kannst auch einfach zulassen, daß der Strom des weißgoldenen Lichtes sich ohne Dein Zutun in Deinem Körper ausbreitet.
- Liege oder sitze nun und ruhe in der reinigenden und stärkenden Kraft wie eine Pflanze in der Sonne.

21. Lichtmeditation II

Diese Meditation ist in ihrer Form wie ein kurzer Atemzug gestaltet Sie eignet sich für den kurzen Morgen- oder Abendkontakt mit dem göttlichen Licht.Sie ist insbesondere gedacht für diejenigen unter den Leserinnen und Lesern, die eine bewußte benennbare Beziehung zum Göttlichen haben. Das mag ein Glaube an Gott sein oder eine Verbindung zur Christuskraft, zum Großen Geist oder zur Göttin. Ich habe im Abschnitt über die höchsten Ebenen des Seins zu meinen eigenen Möglichkeiten, das Göttliche zu benennen, gesagt: »Ich verstumme«. Trotzdem ist mir diese Morgenübung kostbar, in der ich mich der Christuskraft öffne. Wenn Dir eine bewußte Benennung des Göttlichen kein Bedürfnis oder nicht möglich ist, so rufe einfach das weißgoldene Licht.

- Mach einige Streck- und Dehnübungen, die Deinem Körper guttun.
- Steh ruhig und atme Deine Verbindung zur Erde.
- Strecke Deine Arme in die Höhe.

- Öffne Dich der göttlichen Kraft und bitte, daß sie Dich ganz durchfließt.
- Danke für diesen Tag, der vor oder hinter Dir liegt.
- Bitte um das, was Du an diesem Tag oder in dieser Nacht sein möchtest.

TANZEN MIT ERDE UND HIMMEL

Ein wesentlicher Bestandteil der vorliegenden Naturmeditationen ist es, daß wir unsere Verbindung zur Erde und zu den kosmischen und göttlichen Bereichen herstellen und als belebende Energie in unser Leben einbeziehen. Diese Verbindungen zu tanzen, ist eine schöne Bereicherung von Gruppentreffen der verschiedensten Art. Der Tanz läßt uns die Begegnung mit den Energien aus der Höhe und der Tiefe unmittelbar spüren. Ich beschreibe zwei einfache meditative Schreittänze, die sich ohne Mühe erlernen lassen.

Sie können ganz ohne musikalische Begleitung getanzt werden. Dann gibt die Vortänzerin den Rhythmus an. Sie können von einer Handtrommel begleitet werden, die den Rhythmus jeweils mit einem Doppelschlag angibt. Die Tänze können aber auch musikalisch begleitet werden. Zum Schöpftanz haben wir eine sanfte meditative Musik (Celtic Harp) aufgelegt. Der Rhythmus wird wie beim ersten Vorschlag von der Vortänzerin geleitet. Die Musik ist beschwingende Untermalung. Der Friedenstanz, den ich vor vielen Jahren in einem Seminar kennengelernt habe, kann nach dem bekannten klassischen Musikstück »Kanon« von Pachelbel getanzt werden. Es gibt diese Musik auf Tonträgern in vielen Interpretationen. Aber nicht jede eignet sich als Begleitung für den Tanz. Sie muß langsam genug sein, damit die Bewegungen ruhig und gemessen ausgeführt werden können.

22. Schöpftanz

I. Phase

1. Wir stehen im Kreis, nach innen blickend. Wir schöpfen die Lebenskraft der Erde.	*Mit beiden Armen eine tiefe Schöpfbewegung von der Erde bis in Brusthöhe.*
2. Wir ziehen die Lichtströme des Kosmos herab.	*Die Arme in die Höhe heben und bis in Brusthöhe herabziehen.*
3. Wir tragen diese hohen Schwingungen in die Kreismitte, es entsteht eine große Kugel.	*Mit einem halben Schritt zur Mitte strecken alle ihre geöffneten Hände zur Mitte des Kreises aus.*
4. Wir nehmen sie in unser Herz.	*Die beiden Hände aufs Herz legen.*

II. Phase

1. – 3. wiederholen	
4. Wir umhüllen mit dem Lichtstrom unseren linken Nachbarn.	*Nach links wenden und mit den Händen eine umhüllende Gebärde machen.*

III. Phase

1. – 3. wiederholen	
4. Wir lassen sie ausstrahlen in die Welt.	*Alle wenden sich nach außen und breiten die Arme aus.*

Den ganzen Tanz noch zweimal wiederholen.

23. Friedenstanz

nach der Musik: »Kanon« von Pachelbel.

Das gesamte Musikstück bewegt sich gleichmäßig in einem Rhythmus von jeweils acht Schritten. Mit diesen acht Schritten machen wir, im Kreise gehend, vier Bewegungen, die sich immer wiederholen.

1. Wir verneigen uns vor der Erde
Einen »Hofknicks« machen: Den rechten Arm mit ausholender Gebärde von links oben nach rechts unten führen. Dabei zwei Schritte nach rechts, der linke Fuß wird hinter den rechten gesetzt, der rechte daneben.
2. Wir öffnen uns dem Himmel.
Arme in die Höhe strecken. Sich leicht wiegen. Dabei treten wir auf der Stelle, links – rechts.
3. Wir nehmen die guten Kräfte an unser Herz.
Hände aufs Herz legen. Dabei treten wir auf der Stelle, links – rechts.
4. Wir gehen weiter.
Zwei Schritte nach rechts, linker Fuß vor den rechten, rechter daneben.

Diese vier Bewegungen werden stets wiederholt. Wenn wir nach einer Weile selber genug Energie aufgenommen haben, lassen wir im Weitergehen (4. Bewegung) den Strom mit einer gebenden Geste der Hand in die Mitte des Kreises fließen.

DEN KÖRPER STÄRKEN

Vielerlei schädliche Einflüsse und Strahlungen wirken aus unserer Umwelt auf uns ein. In den letzten Jahrzehnten ist das allgemeine Wissen über die Gefahr, die diese Belastungen für unsere Gesundheit darstellen, gewachsen. Aber dabei können wir in den Reaktionen vieler Menschen erstaunliche Unterschiede feststellen. Materieller Schmutz wird aufs gründlichste entfernt. Es werden Vorsichtsmaßnahmen getroffen, daß er gar nicht erst in die Wohnung kommt. Ganz anders ist die Reaktion auf die Verschmutzungen, die Menschen nicht sehen können, die Belastungen durch Elektronik, Radioaktivität, Smog und Umweltgifte. Hier ist die Gleichgültigkeit gegenüber den schädlichen Strahlen noch weit verbreitet.

Aber wie leben wir in einer schadstoffbelasteten Umgebung, wenn wir sensibler geworden sind für die schädlichen Einflüsse? Werden wir zu Opfern, die von überall her bedroht sind? Ich kann und möchte mich jetzt nicht verbreiten über all das, was wir tun können, damit unser Essen, unsere Wohnung und Kleidung und unser Arbeitsplatz immer gesünder und reiner wird. Es ist erfreulich, wie viel sich da machen läßt.

Ich möchte hier über den Rest sprechen. Chris Griscom, die in ihren Seminaren stets hohes spirituelles Wissen mit nüchternem wissenschaftlichen Denken verbindet, hat uns erklärt: Selbst wenn heute alle Atomkraftwerke abgeschaltet würden, wäre die Belastung der Umwelt mit radioaktiver Strahlung nicht beendet. Aus den bestehenden AKWs, aus den jahrelangen Atomversuchen, -transporten und -unfällen ist Strahlung in den Boden und das Grundwasser, in

Pflanzen und Gebäude eingedrungen. Dazu kommt die tägliche Niedrigstrahlung durch viele Computer und Fernsehgräte, durch Tabak und Lebensmittel, die mit Insektiziden behandelt wurden u. a. m. Ähnlich ist die Lage mit anderen Schadstoffbelastungen. Wir sind gezwungen, mit ihnen zu leben.

Was soll uns bei diesen Problemen die Meditation helfen?

Ich nehme hier Gedanken auf, die Chris Griscom 1988 in einem Seminar zum Thema »Umweltverschmutzung – Innenweltverschmutzung« geäußert hat. Ihr erster Satz war: »Dies ist keine Veranstaltung für Opfer!« Der schonungslosen Benennung der schädlichen Einflüsse stellte sie ihren kraftvollen Optimismus gegenüber. Sie sieht ein hohes Potential in uns, die inneren Kräfte zu entwickeln, durch die wir unbeschadet in dieser Welt leben können. Sie gab bei dem Seminar detaillierte Ratschläge,wie wir durch unser Essen unser Immunsystem stärken können. Darauf kann ich hier nicht näher eingehen. Es gibt dazu anderenorts Literatur und Schulung. Aber ich möchte doch ihren mit schelmischem Lachen gegebenen Ratschlag zitieren, wir sollten» nicht für unseren Gaumen, sondern für unseren Körper essen.«

Chris Griscom ist überzeugt, daß wir durch Meditation unsere Atome beeinflussen und stärken können. Wenn die Schwingung, die Energie der Elektronen in einem Atom geschwächt ist, so kann radioaktive Strahlung eindringen und das Atom zerstören. Es geht also darum, die Schwingungsfrequenz der körpereigenen Energie zu erhöhen.

In einer einfachen Visualisierungsübung regte Chris Griscom dazu an, uns die Atome in unserem Körper bewußt vorzustellen, ihrer gewahr zu werden. Wenn wir dann, wie in den beiden folgenden Meditationen beschrieben, hohe kosmische und erdeigene Lichtenergie aufnehmen und unserem Körper zuführen, erhöhen wir damit die Schwingung unserer Atome. Dadurch werden sie widerstandsfähig gegen schädigende Strahlungen.

Dasselbe gilt für unser gesamtes Immunsystem. Ein Körper, dessen Energie regelmäßig mit hoher Lichtschwingung aufgeladen wird, hat bessere Abwehrkräfte gegenüber Krankheitserregern. Diese Abwehrkräfte werden vom physischen und emotionalen Körper gemeinsam aufgebaut.

Zu der bis jetzt beschriebenen Stärkung unseres physischen Körpers kommt der Wille, gesund zu bleiben oder zu werden. Es tritt hinzu die Mobilisierung der Selbstheilungskräfte und der Glaube und das Vertrauen zur Kraft des Geistigen. »Das ist ja nur Glaube!«, sagen da Kritiker/innen abfällig. Glauben ist aber kein »Nur«. Das Wort beinhaltet verstärkten Lebenswillen und das Vertrauen, daß es mehr gibt als unseren physischen Körper.

Glauben ersetzt allerdings weder eine gesunde Lebensführung und Ernährung noch die ärztliche und medizinische Hilfe dort, wo die Krankheit bereits ausgebrochen ist. Aber diese Hilfe kann durch die Selbstheilungskräfte eines Patienten wirkungsvoll unterstützt werden.

24. Lichtenergie für meine Atome, für mein Immunsystem

- Geh mit dem Fluß des Atems in die Stille. Werde Dir deiner eigenen Lebenskraft bewußt.
- Verbinde Dich mit den Kräften der Erde und des Kosmos.
- Visualisiere einen Lichtstrom aus weißem Licht um Deinen Körper. Er steigt den Rücken aufwärts. Über dem Kopf beschreibt er einen Kreis. Dann fließt er vor dem Körper wieder hinab, zwischen den Beinen im Schritt hindurch und steigt den Rücken wieder aufwärts.

- Laß diese Lichtbahn, die mit der Schleife über dem Kopf eine Acht bildet, immer deutlicher fließen, erst langsam und dann immer schneller.
- Atme dabei zuerst tief. Dann laß den Atem seinen eigenen Rhythmus finden.
- Dieser Lichtkreis verbindet Dich mit kosmischer heilkräftiger Strahlung. Wenn Du fühlst, wie der Lichtstrom kraftvoll fließt, so stell Dir vor, wie er auf alle Atome Deines Körpers übergeht, wie er Dein Immunsystem stärkt.
- Visualisiere die erhöhte Schwingung in den Atomen Deines Körpers, das stärkende Licht in Deinem Immunsystem.
- Ruhe in dieser Energie.

So gestärkt kannst Du mit Deinen Händen Wasser und Nahrungsmittel reinigen und entgiften.

25. Stärkung des endokrinen Drüsensystems

Diese Meditation geht auf eine Übung von Chris Griscom zurück, die sie sowohl in ihren Seminaren wie in ihrem Buch »Der Quell des Lebens« gelehrt hat. »Die endokrinen Drüsen des Körpers (sind) für unser Wohlbefinden und unsere Energie von wesentlicher Bedeutung. (...) Aus diesem System entspringen nicht nur die aktiven Säfte, die dem Körper Anweisung für den Stoffwechsel geben, sondern es ist auch die große Schwelle zwischen den unsichtbaren Welten, aus denen das Leben entspringt, und der physischen Welt der Materie, die es ausdrückt.« (a.a.O. S. 119.)

Ich schätze diese Meditation als eine wunderbare Möglichkeit, die eigene Gesundheit zu erhalten. Deshalb möchte ich Chris Griscoms Rat weitergeben, sie jeden Tag oder doch häufig durchzuführen. Ich beschreibe die etwas veränderte Form, die ich selber praktiziere. Allerdings setzt diese Form voraus, daß Du mit der Übung Nr. 11, Ur-Elementarebene schon so viel Erfahrung hast, daß Du zu dieser Kraftquelle zurückkehren kannst.

- Spüre im Atem Deine eigene Lebenskraft.
- Verbinde Dich mit den Energien der Erde und des Kosmos.
- Laß Dich sanft zu Deinem Ort in der Ur-Elementarebene hinabgleiten.
- Visualisiere, wie der Kraftquell aus dieser Ebene aufsteigt und nacheinander jede Drüse des endokrinen Drüsensystems mit nährender Kraft durchfließt – die Keimdrüsen im unteren Bauchraum – die Bauchspeicheldrüse im oberen Bauchraum – die Nebennieren darüber – die Thymusdrüse im Brustraum – die Schilddrüse im Halsraum – und dann im Gehirnraum die Hypophyse – den Hypothalamus – und die Zirbeldrüse.
- Sieh und genieße im inneren Wahrnehmen den Kraftstrom in Dir.

26. Die Chakren reinigen und stärken

Die Überschrift dieses Abschnittes »Den Körper stärken« läßt zuerst einmal vermuten, daß es hier um den physischen Körper geht. Nun füge ich eine Meditation für die Chakren an. Damit wird deutlich, daß auch unser Energiekörper oder Lichtkörper zu unserer körperlichen Realität gehört. Wir sprechen in diesem Zusammenhang von unseren feinstofflichen Energien.

Auch wenn das wissenschaftliche Denken, das unsere Bildung prägt, diesen Lichtkörper bisher ignoriert, steht und fällt unser

Wohlbefinden damit, daß es ihm gutgeht. Die Organe des feinstofflichen Körpers, die ihn und damit uns mit Lebenskraft versorgen, sind die Chakren. Deshalb gehört die Reinigung und Stärkung der Chakren zu den Grundübungen auf dem Weg zum körperlichen und geistigen Wohlbefinden.

Leser/innen, denen der Begriff »Chakra« noch fremd ist, bitte ich, zu verzeihen, wenn ich ihn nicht näher erläutere. Wenige Sätze würden diesem Bereich nicht gerecht. Es gibt dazu eine Fülle von Literatur. Aber Du kannst diese Meditation ohne Bedenken durchführen, auch wenn Du keine näheren Kenntnisse über die Chakren hast. Dein Inneres Selbst hat diese Kenntnis.

Wir haben viele Chakren. Am bekanntesten sind die sieben Chakren vom Wurzelchakra am untersten Ende der Wirbelsäule bis zum Kronenchakra über unserem Scheitel. Ich ziehe noch die beiden Fußchakren unter unseren Fußsohlen und die Handchakren in unseren Handtellern hinzu. Das hat etwas damit zu tun, daß mir nicht nur das Aufwärtsstreben zur Erleuchtung wichtig ist, sondern auch das Leben auf dieser Erde mit dem sicheren Stehen und Vorangehen der Füße und dem Geben und Nehmen, der Zärtlichkeit und Heilkraft der Hände.

Laß Dir in jedem Chakra genügend Zeit, um dort anzukommen, seine Energie oder seine Blockaden zu spüren und das Licht wirken zu lassen.

- Im Atem werde Dir Deiner fließenden Lebenskraft bewußt.
- Verbinde Dich mit den Lebensströmen aus der Erde und dem weißgoldenen herabfließenden Licht.
- Visualisiere, wie sich in Deinem Innern alle drei Lichtströme vereinen, Deine Lebenskraft, das Licht aus der Höhe und der Lebensstrom aus der Erde.
- Genieße dieses Zusammenklingen mit Himmel und Erde. Vielleicht siehst Du es farbig oder hörst es als ein leises Klingen.

- Nun stell Dir vor, wie dieser dreifache Strom sich fließend Deinen Chakren zuwendet. Du leitest ihn nacheinander in jedes Chakra hinein – dort gibt das pulsierende Licht jedem Zentrum, was es an Reinigung und Stärkung braucht – der Strom fließt in die beiden Fußchakren – ins Wurzelchakra am Ende der Wirbelsäule – ins Sakralchakra im unteren Bauchraum – ins Solarplexuschakra im oberen Bauchraum – ins Herzchakra, dem Zentrum der unbegrenzten Liebeskraft in uns – in die beiden Handchakren – ins Halschakra – ins Stirnchakra – ins Kronenchakra.
- Ruhe in der Stille.

YIN- UND YANG-ENERGIE IN UNSEREM KÖRPER

In unserem Körper, in den Gefühlen und auch zwischen den Chakren bestehen große Ungleichgewichte. Wir haben Zeit unseres Lebens einigen Körperregionen und Gefühlen mehr Aufmerksamkeit zugewendet, andere mißachtet oder durch Ängste und Anspannung belastet. Diese Unausgewogenheiten haben den physischen Körper beeinflußt und das Gleichgewicht gestört, das zu unserem Körper gehört, wenn er heil ist.

Ein Ungleichgewicht herrscht besonders oft zwischen Oben und Unten und zwischen Links und Rechts. Das erstere bildet sich, wenn wir den Bauch- und Beckenraum als minderwertig oder sogar als verachtenswert betrachten. Das zweite ist auf unser Ungleichgewicht zwischen den weiblichen und den männlichen Anteilen unserer Persönlichkeit zurückzuführen.

Die YANG-Energie, das, was wir gemeinhin mit dem Männlichen verbinden, drückt sich verstärkt in unserer rechten Körperhälfte und der linken Gehirnhälfte aus. Die YIN-Energie, unser weiblicher Anteil, hat sich besonders in der linken Körperhälfte und der rechten Gehirnhälfte angesiedelt. Die energetische Verbindung der jeweiligen Gehirnhälfte zu ihrer entsprechenden Körperseite können wir uns wie den Fluß einer Acht vorstellen.

Hast Du häufiger Probleme mit einer der beiden Körperhälften? Treffen Unfälle immer eine Seite? Das hat etwas mit Deinem Verhältnis zu Deiner weiblichen und männlichen, der YIN- oder YANG-

Energie zu tun. (Jeder von uns, ob Frau oder Mann, hat weibliche **und** männliche Anteile in sich.)

Bevor ich nun Meditationen zur Harmonisierung beschreibe, biete ich eine Reise durch den Körper an, bei dem wir den Unterschied zwischen unseren beiden Körper- und Gehirnhälften erst einmal kennenlernen können. Es ist möglich, diese Übung auch nur für die beiden Gehirnhälften durchzuführen, um diese Zentren der YIN- und der YANG-Energie besser in ihrer unterschiedlichen Qualität zu verstehen.

Danach folgen zwei Meditationen, um das Gleichgewicht wieder herzustellen. In beiden visualisieren wir den heilenden Strom in Form einer Acht. In der ersten führen wir sie durch den Körper, in der zweiten durch das Gehirn, genauer gesagt durch das Großhirn.

27. Reise durch den Körper durch seine rechte und linke Hälfte

- Tritt auf Deine Weise ein in den Ruheraum der Meditation.
- Rüste Dich nun für eine Entdeckungsreise durch Deinen Körper mit der Kraft der Achtsamkeit. Achtsamkeit, das ist ein inneres Lauschen und Schauen und Spüren. Dein geistiges Selbst wandert mit dieser Achtsamkeit umher und nimmt wahr. Laß Dir Zeit für jeden Schritt. Laß Deinem Körper und Deinen Gefühlen Zeit, sich zu melden, sich in Bildern und Gefühlen auszudrücken.
- Geh in Deinen Bauch- und Beckenraum.
- Und nun trittst Du lauschend in die rechte Hälfte des Beckenraumes – dann durch die Hüfte in Deinen rechten Oberschenkel – ins Knie – in den Unterschenkel – durch Dein Fußgelenk trittst Du

in den Raum Deines rechten Fußes ein – Ferse – Fußraum – die fünf Zehen – und nun spüre langsam durch den Raum Deiner rechten Fußsohle.

- Spüre die ganze rechte Seite vom Becken bis in die Zehen. Hat sie eine besondere Farbe, eine Energiegestalt?

- Nun kehre zurück in Deine rechte Bauch- und Beckenseite und laß Dein Bewußtsein den Rücken aufwärts wandern – nimm wahr die rechte Seite Deiner Wirbelsäule, Wirbel für Wirbel – die Bandscheiben – die Rückenmuskeln und Sehnen der rechten Seite – sei eine Weile in Deinem Rücken – sieh die Farbe und Gestalt seiner rechten Seite – lausche auf ihre Botschaften.
- Kehre wieder zurück in den Beckenraum und wende deine Achtsamkeit nun der rechten Seite deines Bauchraumes zu – wandere durch die Höhlen der Därme und aller Organe – wie fühlst Du Dich dort – was sagen sie Dir – steige aufwärts zu den Organen in der rechten Seite des oberen Bauchraumes – spüre in die Vielfalt, die dort wirkt und fließt – tritt lauschend ein in die rechte Seite Deines Brustkorbes – den rechten Zipfel Deines Herzens – Lunge – Atmungsorgane – der Nacken und Deine rechte Schulter – der Arm – die rechte Hand.
- Spüre in die ganze rechte Rumpfseite vom Becken bis zur Schulter – sieh ihre Farbe – wie fühlt sie sich an?

- Und nun betrittst Du Deinen Kopfraum, um durch seine rechte Hälfte zu wandern – Hals – Mund und Kiefer – Wangen-, Nasen- und Gehörraum – das rechte Auge – die Schläfe – und dann fließt Deine Aufmerksamkeit mit einem Schwingen in der Form einer Acht hinüber in die Halle Deiner linken Gehirnhälfte – spüre ihre Farbe, das Licht in ihr – wie fühlt es sich an?
- Und dann laß langsam Dein inneres Schauen abwärts fließen – Du spürst noch einmal Deine ganze rechte Körperhälfte und die linke Gehirnhälfte.

- Laß Dir Zeit zum Ausruhen und dann beginne Deine Reise durch die linke Körper- und Gehirnhälfte.
- Zum Schluß verabschiede Dich: »Mein lieber Körper, ich möchte dich immer besser verstehen und auf deine Signale hören. Ich danke Dir.«

28. Harmonisierung von Oben und Unten, Rechts und Links

- Komm mit dem Atem zur inneren Ruhe.
- Verbinde Dich mit der Erde und laß das weißgoldene Licht aus dem Kosmos in Dich hineinfließen.
- Zentriere Dich in Deinem Herzen. Stell Dir vor, wie Deine Lebens- und Liebeskraft im Herzzentrum mit dem Strom aus der Erde und aus der Höhe verschmilzt. Goldene Energie erfüllt Dein Herz.
- Nun visualisiere eine goldene Lichtschnur, die langsam vom Herzen zur rechten Seite aufsteigt – sich hoch in Deinem Kopf zur Acht rundet – absteigend wieder durch dein Herz fließt – zur rechten Seite Deines Bauch- und Beckenraums fließt – sich wieder rundet – aufsteigt zum Herzen.
- Führe das goldene Licht, bis es von selber fließt. Laß den Strom der Acht in Deinem Körper kreisen.
- Wenn Du den Impuls dazu spürst, kannst Du nach einiger Zeit die Richtung des Energieflusses wechseln. Vertraue Deinem Selbst, daß es den richtigen Weg findet.
- Laß es fließen, solange es für Dich gut ist.
- Ruhe und spüre nach, was der goldene Fluß in Dir bewirkt hat.

29. Ausgleich zwischen den Gehirnhälften

Ich gehe hier noch einmal auf die Vorstellung ein, die dieser Meditation zugrundeliegt, daß unsere Großhirnhälften ganz unterschiedliche Energien speichern. Die linke Gehirnhälfte steht für die YANG-Energien, logisches Denken, Macht- und Leistungsstreben, Worte (um nur etwas aus dem vielschichtigen YANG-Potential zu nennen). Es ist eine eher helle Schwingung. Die rechte Gehirnhälfte steht für die YIN-Energien, Intuition, Kreativität, ein umfassendes Verstehen, daß nicht so sehr an Einzelheiten hängt und keiner Worte bedarf. Es ist eine eher dunkle oder dämmrige Energie. (Auch hier ist natürlich nur ein Ausschnitt aus dem YIN-Potential genannt.)

Diese Meditation eignet sich gut als Abschluß einer Meditation, in der wir zu einem umfassenderen Gefühl unseres Körpers gelangt sind, z.B. Nr. 2 Entspannung, Nr. 26 Die Chakren reinigen und stärken, Nr. 27 Reise durch den Körper. In dem Falle hast Du die ersten beiden Schritte bereits vollzogen. Du beginnst mit dem dritten Schritt.

Aber Du kannst die Übung auch für sich allein machen. Mir wurde sie z.B. verordnet vor einem großen Ritual in Ägypten. Wir sollten bereits beim Ankommen in einem guten, ausgeglichenen Energiezustand sein. So kannst Du Dir auch eine »Kur« verordnen und diese Meditation einige Zeit lang regelmäßig machen, um Deine Unausgewogenheiten auszugleichen.

- Komme mit dem Atem zur inneren Ruhe.
- Zentriere Dich in Deinem Herzen. Spüre im Herzen Deine Lebenskraft und nimm von dort aus die Verbindung auf zu den Energien der Erde und des Himmels.
- Geh im inneren Schauen in Dein Großhirn. Zeichne eine goldene liegende Acht von einer Gehirnhälfte zur anderen. Laß diese Acht

zu einem Energiefluß werden, der sanft und sich immer mehr beschleunigend fließt.

- Ruhe ohne zu denken und laß den Strom fließen, solange es Dir guttut.

SELBSTHEILUNG

In diesem Kapitel geht es um Heilmeditationen, die Menschen ohne besondere Vorkenntnisse im Rahmen selbständiger Meditationserfahrung durchführen können. Das heißt, daß diese Ausführungen nicht in die Gebiete von Heiltherapien hineingehen, für die eine spezielle gründliche Kenntnis des entsprechenden Sachgebietes erforderlich ist. Und selbstverständlich erheben diese Meditationsvorschläge nicht den Anspruch, medizinische Behandlung zu ersetzen. Es geht mir darum, das Verständnis und die Fähigkeit jeder und jedes Einzelnen dafür anzuregen, die eigenen Heilkräfte in uns zu entdecken, die darauf warten, entwickelt zu werden.

Bei jedem Schmerz, jeder Verwundung und Krankheit können wir durch die eigenen Kräfte zu unserer Heilung beitragen. Die Kraft zur Selbstheilung gehört zu unserer Grundausstattung als Lebewesen. Alles, was lebt, besitzt Selbstheilungskräfte. Es ist uns selbstverständlich, daß sich eine Wunde an unserem Körper wieder schließt, daß Pflanzen, die beschnitten wurden, neu ausschlagen. Wir erleben die heilenden Energien, obwohl wir die Kräfte, die da wirken, nicht bewußt steuern können. Auch sind wir von Energien mannigfaltiger Art umgeben, die heilend wirken. Wäre es nicht so, so wäre die Natur schon längst unter dem Ansturm der Schadstoffe zusammengebrochen. In der Heilmeditation ziehen wir diese heilenden Ströme in uns und um uns bewußt heran. Damit stärken wir unsere Selbstheilungskräfte.

Heute ist das Wissen schon recht weit verbreitet, daß jede Krankheit etwas mit unseren Gefühlen zu tun hat. Es besteht ein innerer

Zusammenhang zwischen unserem emotionalen und körperlichen Befinden. Deshalb greift eine Heilmeditation zu kurz, wenn sie nur auf die Heilung der körperlichen Symptome ausgerichtet ist. Dies gilt natürlich ebenso für jede andere Krankheitsbehandlung.

Wir leiten also in der Heilmeditation die heilenden Energien ebenso hin zu dem, was als Blockade, Stauung, Druck o.ä. von emotionaler Seite zu unserer Krankheit geführt hat. Bereits in dem Vorgang, Blockaden und andere krankmachende Gefühlskonzentrationen ins Licht unseres Bewußtseins zu holen, liegt eine nicht zu unterschätzende reinigende Wirkung. Du kannst Dir das bildlich so vorstellen, als ob ein Kind, das etwas angestellt und sich dann versteckt hat, aus seinem Versteck geholt wird. Als ob Du nun das Kind nicht strafst, sondern es nach seinen Beweggründen fragst und Dich bemühst, mit Verständnis zu reagieren. Du kannst immer davon ausgehen, daß es ernstzunehmende Gründe für seine Handlung hatte. Übertragen auf die Gefühlsursachen für Krankheit oder Unfall heißt das: mache Dir nicht Vorwürfe für Dein »Fehlverhalten«, sondern betrachte es im Licht von Verständnis und Liebe zu Dir selbst ohne Verurteilung. Versuche zu verstehen.

Was bewirkt dieses Ans-Licht-holen unserer inneren Unruheherde? Wenn sie bestrahlt werden vom Licht von Verständnis und Liebe, vollzieht sich in uns eine tiefgreifende Veränderung.

Diese Veränderung betrifft die Kraft unseres Emotionalkörpers im Verhältnis zum spirituellen Körper (siehe Kapitel »Wer bin ich«). Der Emotionalkörper und von ihm beeinflußt der physische Körper haben sich für die Krankheit, den Unfall oder Schmerz entschieden. Sie wollen uns damit nicht quälen, sondern halten das für die geeignete Lösung für ein bestehendes Problem. Wenn ich älterwerdend immer schlechter höre, so hat mein Gefühl sich vielleicht gesagt: »Ich habe keine Lust mehr, alles zu hören!« Bin ich gefallen und habe mich so verletzt, daß ich zu Hause bleiben muß, so lohnt es sich sicher, herauszufinden, was in mir zuhause bleiben und eine Weile ausruhen will.

Dies sind natürlich sehr einfache Beispiele. Aber selbst wenn das aktuelle Problem mitunter schwer zu erkennen ist, ist es, einmal erkannt, im Grunde einfach. Erinnern wir uns daran: der Emotionalkörper ist in seinem Erkenntnisstand kindlich. Auch hat er viel Angst gespeichert. Und im Zweifelsfalle verharrt er lieber in einer schmerzhaften Lage, die ihm vertraut ist, als das Risiko unbekannter Erfahrungen einzugehen. Solange sein Handeln im Unbewußten bleibt, wird er das gleiche Muster wiederholen. Ziehen wir es ins Licht unserer Betrachtung, erkennen wir Ängste und Blockaden, so ist der erste Schritt zu ihrer Auflösung getan. Der Emotionalkörper kann Verantwortung abgeben an das reifere spirituelle Bewußtsein, oder, wie wir in diesem Zusammenhang besser sagen können: den Beobachter. Den Beobachter in uns gilt es immer mehr zu stärken. So wird der Emotionalkörper langsam entlastet und nimmt die weniger dominante Stellung ein, die ihm in einem reiferen Menschen zukommt. Wenn er uns nicht mehr beherrscht, können wir eher über ihn, über uns lächeln.

Den Beobachter in uns stärken, bedeutet im Krankheitsfalle, daß wir nicht mehr hundertprozentig in einen Schmerz hineingehen. Der Beobachter bleibt außen vor, und wir versinken nicht mehr voll in unseren Gefühlen und körperlichen Schmerzen. Wir haben sie noch, aber wir beginnen zu erleben, daß wir nicht unser Gefühl sind. Unser spiritueller Körper, unser Höheres Selbst, schaut zu und versteht, was wir da erleben.

Damit wir zum inneren Frieden finden, ist es in diesem Prozeß ganz wichtig, daß wir unserem Emotionalkörper oder unserem inneren Kind liebevoll und verständnisvoll begegnen. (Emotionalkörper und Inneres Kind sind teilweise, aber nicht immer identisch. Beide Begriffe betreffen Zuordnungen unserer Persönlichkeitsanteile, die uns helfen, uns in unserer Vielschichtigkeit besser zu verstehen.) Die mitfühlende Zuwendung zu uns selbst ist der entscheidende Schlüssel für die Wirksamkeit von Heilmeditationen. Mit strengem, verurteilendem

Erkennen unseres Verhaltens, das zur Krankheit geführt hat, vertauschen wir nur einen Druck durch einen anderen. Wir setzen uns nun unter den neuen Druck, daß wir uns ändern müssen. Wir schämen uns unserer Unreife. Was unser inneres Kind braucht, ist aber das, was jedes Kind braucht: die klaren Signale, daß es so, wie es ist, angenommen und geliebt ist. Lassen wir also die Vorstellung los, daß wir erst liebenswert seien, wenn wir uns geändert haben. Natürlich gehört zur Heilung in der Folge auch das Bemühen, Fehlverhalten zu verändern. Aber es steht nicht am Anfang. Die Ausgangsposition für solches Bemühen ist entspannter, weniger angstbeladen, wenn ich mich auch mit meinen Fehlern vorher in Liebe angenommen habe.

Für eine Heilmeditation zentrieren wir uns im Herzen, dem Zentrum der bedingungslosen Liebe. Das Licht der Liebe schafft für unseren angstbeladenen Emotionalkörper Vertrauen, etwas Neues zu wagen, eine Leidenssituation aufzulösen.

Hier haben nun Affirmationen ihre Aufgabe. Affirmationen sind innere Botschaften, die Du Deinem Bewußtsein gibst. Das können Befehle sein, Ermutigungen, Warnungen oder einfache Feststellungen. Wenn wir mit Affirmationen arbeiten, so ist das für unsere verschiedenen Körper keineswegs ein neues Medium. Immer schon werden sie von den Botschaften: »Ich will...« »Ich will nicht...« »Ich habe Angst!« »Das kann ich nicht!« usw. gelenkt. Was wir einbringen, ist so etwas wie ein neuer Sender. Eine Rundfunkanstalt, die ermittelt hat, daß es für bestimmte Personenkreise neue Hörgewohnheiten gibt, bemüht sich, durch einen neuen Sender diesem Hörerkreis zu senden, was er mag. So geben wir unserem Bewußtsein, das sich entwickeln will, neue Impulse.

Grundsätzlich gilt, daß diese Affirmationen positiven Inhalt haben sollen. Genau wie Elternratschläge an die Kinder nicht das Negative beschreiben sollen: »Du fällst gleich runter und brichst dir das Genick!«, sondern die Fähigkeiten des Kindes stärken: »Sei vorsichtig, da geht es steil runter!«, so ist es die Aufgabe der Affirmationen in der

Heilmeditation, dem Emotionalkörper Mut zuzusprechen. Wir beschreiben ihm die Vorzüge der Heilung. Wenn ich den Grund weiß, der zur Erkrankung oder zum Unfall geführt hat, so kann die Affirmation dem Emotionalkörper andere Lösungen vorschlagen. Solch eine Botschaft kann z.B. bei der o.g. beginnenden Schwerhörigkeit lauten: »Ich will die leisen Stimmen hören! Es ist schön, die leisen Stimmen zu verstehen!« Oder wenn es um die Behandlung des Knöchels geht, den Du Dir bei einem Stolpern verstaucht hast: »Ich will vorangehen! Es macht mich stärker, wenn ich mutig vorangehe!« Beim zweiten Beispiel war der Affirmation die Erkenntnis vorausgegangen: der Schritt ist das Vorangehen, das uns mit Neuem in Berührung bringt. Wenn ich bei diesem Schritt gestolpert bin, hat sich etwas in mir gegen dieses Vorangehen gesträubt.

Hier möchte ich eine Einschränkung einfügen für unsere Versuche, die emotionalen Beweggründe für Krankheiten zu erkennen. Ken Wilber schildert in seinem Buch »Mut und Gnade«, wie penetrant es für kranke Menschen ist, wenn all ihre Bekannten ihre Fantasie spielen lassen, um herauszufinden, was zu der Krankheit der Freundin geführt hat. Das sollte uns eine Warnung sein, die Deutung der eigenen Leiden zwar ernstzunehmen, bei anderen Menschen aber äußerst zurückhaltend und zartfühlend zu sein, ehe wir ihnen mit unseren Deutungen zu nahe treten.

Andere Formen der Affirmation richten sich an den physischen Körper. Sie werden in dem Buch »Magie, Heilen, Menstruation« von Rosemary Rodewald und in »Wieder gesund werden« von Carl Simonton in jeweils besonderer Form ausführlich beschrieben. Ich leite in den folgenden Meditationen zu einfachen Formen dieser Affirmation an, wie ich sie selber verwende.

Zu dem bekannten und grundlegenden Modell der Simontons möchte ich aber noch etwas anmerken. Die Visualisationen in dieser Methode setzen einen Kriegszustand im Körper des Krebspatienten voraus, in dem die »guten« Zellen gegen die »bösen« Krebszellen kämpfen und sie besiegen. Hier wird unsere menschliche Vorstellung vom Kampf zwischen Gut und Böse auf die Elementarwelt übertragen. Diesen Weg möchte ich nicht mehr gehen. Krebszellen sind nicht böse in dem Sinne, daß sie die Absicht haben, anderen zu schaden. Die unzähligen kleinen Wesen und Kräfte des Elementarreiches haben die Aufgabe, alle Materie in die ihr zugedachte Form zu bringen und ihr Wachstum zu fördern. Jedes dieser winzigen Wesen hat eine eng umrissene Aufgabe. Die erfüllt es. Die Elementarkraft einer Krebszelle hat eine spezielle Aufgabe. Sie fördert das Wachstum und die Vermehrung der Krebszellen. Sie kann nicht anders als das tun, wozu sie eingesetzt ist. Was wir als ungleich viel differenziertere Wesen tun können, ist, die Kraft der gesunden Zellen und alle Abwehrkräfte, das Immunsystem unseres Körpers so zu stärken, daß krankes Gewebe abgebaut wird, daß das gesunde Wachstum seinen Lauf nehmen und neues gesundes Gewebe sich bilden kann. Es geht nicht um Kampf, sondern um den Lebensrhythmus der Wandlung.

Innerer Friede statt Aggression also auch im Umgang mit den kranken Teilen unseres Körpers. Es bedeutet eine tiefgreifende Veränderung in unserem Bewußtsein, wenn wir Krankheiten nicht mehr bekämpfen müssen. Die Grundlage unserer Selbstheilungskraft ist das Vertrauen, daß unser Körper die Urform seines heilen Zustandes in seinem Bewußtsein trägt. Wir unterstützen ihn und führen ihm Kraft zu, damit er in seinen heilen Zustand zurückkehren kann.

Zusammenfassend läßt sich nun kurz sagen: Heilmeditation stärkt die eigenen Selbstheilungskräfte, indem sie elementare und geistige Heilenergien heranführt. Die Selbstheilungskräfte beziehen sich auf drei Ebenen, auf die Auflösung von gefühlsmäßigen Blockaden und Ängsten, auf den Willen des Emotionalkörpers und auf die physische Heilung des Körpergewebes.

Verstehe diese Ausführungen bitte nicht so, als wollte ich sagen: »Ich weiß, wie die Krankheiten und Unfälle entstehen! Wenn Du ihre emotionalen Verursachungen behebst, kannst Du die Krankheit heilen!« Wir müssen uns immer wieder bewußt machen, daß die Zusammenhänge unseres Lebens vielschichtiger und komplexer sind, als wir begreifen können. Das wissen die einsichtigen SchulmedizinerInnen ebenso wie MeditationslehrerInnen. Es ist uns noch nicht möglich, den ganzen Zusammenhang zu überblicken. Aber für die Stärkung unserer Selbstheilungskräfte ist es notwendig, daß wir die hier beschriebenen Anteile am Krankheitsprozeß verstehen und beeinflussen lernen. Und die Erfahrung zeigt, daß Heilmeditationen durchaus konkret zur Heilung beitragen können.

30. Heil-Lichtmeditation I

Diese Meditation kannst Du erst halten, wenn Du schon ein wenig Erfahrung mit der Verbindung zu den Energien von Erde und Himmel hast und damit, daß das weißgoldene heilende Licht in Dich hineinströmt. (siehe dazu Nr. 20. Lichtmeditation I)

- Komm mit dem ruhigen Fluß des Atems in Deine Mitte.
- Wende Dich im inneren Schauen mitfühlend Deinem Körper zu, so daß sich langsam Entspannung ausbreitet vom Kopf bis in die Zehen.
- Verbinde Dich im Aus und Ein des Atems mit den strömenden Energien der Erde und des Himmels.
- Stell Dir vor, daß das weißgoldene heilende Licht, die Fülle der kosmischen Lebensenergien, über Dir und um Dich pulsiert.
- Nun geh in Dein Kronenchakra, den Bewußtseinsraum über Deinem Scheitel. Laß das weißgoldene Licht einströmen. Sieh es im inneren Schauen wie ein feines, helles Licht in Deinem Kronenchakra fließen.

- Bitte das Licht, dorthin zu gehen, wo Du jetzt Heilung brauchst.
- Halte Dich ganz ruhig. Vertraue auf die Kommunikation zwischen Deinem Selbst und der Kraft und Weisheit dieses Lichtes. Sie findet in einer tiefen Schicht unseres Seins statt, die nicht vom verstandesmäßigen Denken und Wollen gesteuert wird.
- Laß zu, daß das weißgoldene Licht langsam in Deinem Körper abwärts fließt dorthin, wo es gebraucht wird. Wenn Du zuerst nichts spürst, sprich mit dem Licht, bitte es, zu kommen und Dir zu helfen. Und dann vertraue und erwarte es im Kronenchakra.
- Wenn der Strahl des Lichtes in Dir fließt, so begleite ihn. Eile nicht voraus. Laß ihm seine eigene Zeit, sich seinen Weg zu suchen.
- Nach einer Weile spürst Du, daß das Licht an einem Ort in Deinem Körper zur Ruhe gekommen ist. Dann geh selber mit Deinem Bewußtsein ganz an diesen Ort. Stell Dir vor, daß sich das heilende Licht an dieser Stelle jetzt mehr und mehr verstärkt, wie eine Batterie aufgeladen wird. Die Energie wird immer dichter und kraftvoller. Verstärke den Fluß durch Dein bewußtes (nicht verstärktes) Atmen.
- Du kannst nun ganz in dieser Wirkung des Lichtes ruhen und seine Heilkraft wirken lassen.

31. Heil-Lichtmeditation II

In der vorigen Meditation haben wir das Licht eingeladen und begleitet. Dann aber haben wir ihm die Entfaltung seiner heilenden Kräfte ganz überlassen. In dieser Meditation nun wollen wir, wie ich das in der Einführung beschrieben habe, bewußt die heilenden Kräfte darin unterstützen, auf den verschiedenen Ebenen zu wirken. Du kannst das folgende als eine, aber auch als Folge von mehreren heilenden Meditationen anwenden. Du kannst schrittweise vorgehen, eine

Dimension nach der anderen aufnehmen oder Dich auf die Dimensionen beschränken, die Dir besonders guttun oder deren Problematik gerade besonders aktuell ist.

- Führe die Lichtmeditation so durch, wie es im vorigen Abschnitt beschrieben worden ist. Laß Dir bei jedem Schritt genügend Zeit, um in tiefe Entspannung zu kommen.
- Das weißgoldene Licht hat sich nun dort, wo Du Heilung brauchst, verdichtet. Atme in diese heilende Kraft hinein und stelle Dir diese Region Deines Körpers vor wie in warmes Sonnenlicht getaucht.
- Nun sieh in Deiner geistigen Vorstellung die Gefühle, die diesen Schmerz, diese Krankheit umschließen wie eine dichte Hülle. Sie können von alten oder akuten Situationen ausgelöst worden sein. Oft steckt dahinter eine tiefe Angst. Du fühlst das weiße heilende Licht und stellst Dir vor, wie seine Kraft die Angst oder das vorhandene blockierende Gefühl mit liebevoller Wärme durchdringt. Ein wenig von der schmerzenden Hülle beginnt sich aufzulösen, wie sich Nebel in der Sonne auflöst. Fordere nicht zu viel. Du kannst nicht alle Blockaden, die ganze Angst, die Du vielleicht durch Jahrzehnte aufgebaut hast, auf einmal loslassen. Aber der Druck, der Panzer wird weniger. Und je öfter Du Deine alten blockierenden Gefühle von Deiner mitfühlenden Zuwendung und vom weißgoldenen Licht bescheinen läßt, umso mehr lösen sie sich auf.

  Du kannst es in der ersten Meditation dieser Art dabei belassen und die Meditation beenden.

- In der nächsten Dimension des Heilwerdens, in die Du Dich danach vertiefst, wendest Du Dich Deinem Emotionalkörper zu. Stelle ihn Dir wie ein Kind vor und wende Dich ihm in Liebe zu in dem Bemühen, das Kind in Dir zu verstehen. Du kannst davon ausgehen, daß es diese Krankheit beschlossen hat. Wenn Du über das vorher Gesagte nachgedacht hast, weißt Du vielleicht schon oder hast eine

Vermutung, welche Beweggründe der Emotionalkörper dafür hatte. Immer liegt es daran, daß seine Vorstellungsmöglichkeiten sehr begrenzt sind. Hier tritt nun Dein spirituelles Selbst zu ihm und hilft ihm, neue Vorstellungen zuzulassen. Du sagst dem Emonionalkörper (das heißt, Du sagst Dir) einfach und klar, was es Gutes für Dich, d. h. für alle Deine Körper bringen wird, wenn Du gesund wirst. »Ich werde mich wohlfühlen!« »Ich kann wieder Ausflüge machen und mit anderen Menschen fröhlich sein!«

Ist aber die geheime Ursache der Krankheit die Trauer, nicht geliebt zu werden, so nützt es nichts, wenn Du Deinem Emotionalkörper über den Kopf versicherst, daß er geliebt ist, daß Du neue Freunde finden wirst, die Dich lieben. Denn Liebe überträgt sich unmittelbar ohne Worte. Das Heilendste, das Du Deinem ängstlichen inneren Kind geben kannst, ist, daß Du es in rosafarbenes Licht der Liebe einhüllst und ihm Geborgenheit zuströmen läßt, wie wir ein trauriges Kind auf dem Schoß wiegen. Das gibt ihm Mut, wieder gesund zu werden.

- Die dritte Dimension ist die Zuwendung zum physischen Körper. Mit Affirmationen unterstützt Du das Wirken der Heilkräfte. Stell Dir die betroffene Körperregion so deutlich wie möglich vor und verstärke die Heilkraft des Lichtes durch Gedanken und Vorstellungen, in die Du Deinen Wunsch und mehr als das, Deinen Willen einfließen läßt, daß es so sei: »Neues Gewebe bildet sich.« Beschreibe die Beschaffenheit des Gewebes, z. B. die Stärke des Knochengewebes, die Flexibilität der Bandscheiben, die Funktionsfähigkeit des betroffenen Organs, usw. Die Affirmation beschreibt den heilen Zustand des Körpergewebes. Mach Dir klar, daß unser Körper ständig Zellen abbaut und aufbaut. Du unterstützst und ermutigst ihn dabei, krankes Gewebe ab- und gesundes aufzubauen.
- Ruhe zuletzt aus im sanft fließenden Atem. Danke dem heilenden Licht. Und danke auch Deinem Körper.

- Eine gute Unterstützung bei diesem Prozeß geben uns Steine, Edelsteine in ihrer jeweilig besonderen Kraft, aber auch »einfache« Steine. Darüber mehr in der Meditation »Heilquellen am Wege«.

32. Heilende Farben

Diese Farbmeditation ist von Chris Griscom inspiriert, die auf vielfältige Weise mit Farben arbeitet. Dem liegt das Wissen zugrunde, daß die Farben des Lichtspektrums spezielle Heilkräfte in sich tragen. Und daß der Körper in seiner eigenen Weisheit am besten sagen kann, welche Farbe er gerade braucht. Dabei ist es für ihre Wirksamkeit nicht notwendig, die Bedeutung der Farben zu analysieren. Farben haben eine Fülle von Bedeutungen, und man kann in verschiedenen Büchern und Theorien ganz unterschiedliche Zuordnungen finden. In den Meditationen dieses Buches können wir dem Körper selber vertrauensvoll die Wahl der Heilfarbe überlassen.

- Komm zur Ruhe durch ruhiges bewußtes Atmen.
- Laß mit dem abfließenden Atem Spannungen los. Sieh sie in die Erde abfließen.
- Verbinde Dich mit den Energien der Erde und des Himmels.
- Nun geh zu der Körperregion, die Heilung braucht, und frage die Schmerzstelle: »Welche Farbe brauchst du?« Nimm den Impuls auf, den sie Dir als Antwort gibt, auch wenn es nur eine leise und undeutliche Botschaft ist.
- Bitte nun die Heilenergie, in dieser Farbe aus der Tiefe und aus der Höhe einzuströmen, und sieh im inneren Schauen, wie sich der farbige Strom in die bedürftige Region Deines Körpers ergießt. Laß ihn fließen, sodaß die Intensität der Farbe und Schwingung immer

dichter wird. Sollte der Fluß im Laufe dieses Prozesses die Farbe wechseln, so laß es zu.

- Dann ruhe und laß die heilende Farbschwingung in Dir wirken. Du brauchst dabei nichts zu tun, als die Farbschwingung zu halten und ruhig zu atmen.
- Nach einer Weile spüre, was Dein Körper und das farbige Licht nun bewirken möchten. Das kann sein
- einfach ruhen und das Licht wirken lassen.
- etwas auflösen. Dann visualisierst Du, wie sich Schmerzen, Spannungen oder alte Prägungen auflösen wie Nebel vor der Sonne und langsam zu den Seiten hin aus Deinem Körper und Deiner Aura entweichen. Du kannst das, was gehen will, auch in eine Wolke hüllen und wegfliegen lassen wie einen aufsteigenden Ballon.
- etwas abfließen lassen. Du siehst im inneren Schauen oder spürst, wie sich durch das heilende Licht etwas löst und in die Erde hinein abfließt. Laß den Prozeß des Abfließens möglichst konkrete, bildhafte Form annehmen, einen Schmutzwasserfluß, Geröll, das herabbröckelt oder was immer Dein Körper als Loslösung ausdrücken möchte.
- Fülle den freigewordenen Raum mit frischem farbigen Licht. Du kannst ihn auch, wie man mit einem Wasserschlauch einen Platz säubert, mit einer weißgoldenen Lichtdusche reinigen.
- Ruhe aus und danke dem heilenden Licht.

33. Die kraftspendende Natur

In der Meditation »Farben der Natur« habe ich schon beschrieben, wie uns die Natur mit ihren Gaben beschenken und stärken kann. Nun möchte ich den Blick auf die Möglichkeiten der stärkenden und heilenden Kontakte mit der Natur ausweiten. Oft machen wir die

Erfahrung, daß uns in der Schönheit der Natur eine Erscheinung besonders entzückt. Sie lenkt unseren Blick auf sich, sie beeindruckt uns. Machen wir uns bewußt, daß alle Naturerscheinungen von Leben durchpulst sind und von bewußten Naturwesen geformt und betreut werden. Und vielen dieser lebendigen Kräfte und Wesen ist es ein Bedürfnis, zu geben. Am deutlichsten wird das bei Heilkräutern und bei manchen Steinen. Aber viel größer ist der Kreis der Lebewesen, die gern geben möchten. Wenn Dich nun etwas »anruft«, so hat das eine für Dich ganz eigene Bedeutung. Eine Verbindung ist hergestellt worden. Und wenn Du sie nutzt, fließt durch diesen »Draht« lebendige Lebenskraft zu Dir von der Pflanze, dem Stein, dem Wasserfall, der Bergspitze oder was immer Dir zugerufen hat.

Es bereichert unseren Aufenthalt in der Natur in hohem Maße, wenn wir lernen, aufmerksam zu werden für diese Signale. Wir lernen so, uns einzuschalten in das Netzwerk von Beziehungen, in dem kraftspendende Energien fließen.

- Wenn Du solch ein Signal bekommen hast, so laß Dich auf den Kontakt ein, indem Du im Einatmen die Erscheinung gewissermaßen in Dich einsaugst. Du öffnest Dich und läßt ein, was da strömt.
- Im Ausatmen kommst Du dem Baum, dem Berg, oder was immer Dich angesprochen hat, entgegen. Du sendest ihm Liebe oder Freude oder einfach Aufmerksamkeit. So entsteht ein Energiefluß zwischen Euch.
- Du kannst beobachten, wohin dieser Energiefluß in Deinem Körper gelenkt wird. Er mag in den Bauch, in Füße, Herz oder Hals fließen. Dein Körper und Dein Gegenüber wissen ohne Worte, was für Dich gut ist und wo die stärkste Verbindung zwischen Euch besteht.
- Wenn Du weitergehst, verabschiede Dich.
- Du kannst auch als Dank etwas schenken, ein Bröckchen von Deinem Brot oder Deiner Schokolade, ein gesummtes Lied oder eine Umarmung. Die Naturwesen lieben solche kleinen Zeichen der Achtung.

34. Heilquellen am Wege

Oft, wenn wir in der Natur sind, begleiten uns unsere Sorgen, seien es körperliche Beschwerden oder Gefühle, die uns belasten. Wenn es Dir so geht, so erinnere Dich daran, daß die Natur gerne gibt.

- Sende ein Signal aus, daß Du Hilfe brauchst. Sprich mit dem, was Dir begegnet, schildere ihm, was Du brauchst.
- Dann halte Ausschau nach dem, was Dich besonders berührt. Unterschätze nicht die Vielfalt der Heilkraft, die in Pflanzen und Steinen, Wasser und Luft pulsiert.

1. Beispiel:
Ich fühle mich erschöpft. Auf meine Bitte hin richtet sich mein Blick auf eine junge, ebenmäßige Tanne. Ich beginnne, wie in der vorigen Meditation beschrieben, im Ein- und Ausatmen mit dem Baum in Kontakt zu kommen. Dabei beobachte ich genauer und sehe, wie alle Zweigspitzen in die Höhe zeigen. Und ich fühle, wie jede Nadel kosmische Lebenskraft aufnimmt. Jede Nadel eine Antenne. Mit jedem Atemzug lasse ich diese universelle Energie in mich hineinfließen.

2. Beispiel:
Mein Knie tut mir weh. Auf meine Bitte hin zieht ein großer Stein meine Blicke an. Ich lasse mich neben ihm nieder. Während ich im Ein- und Ausatmen Kontakt mit ihm aufnehme, wird mir bewußt, wieviel mineralische Kraft dieser Stein in sich hat. Ich lehne mein Knie an den Stein und stelle mir vor, wie die Kraft des Steins in alle Zellen, alles Gewebe meines Knies fließt und ihm stärkende Kraft für den Aufbau neuer, gesunder Zellen gibt. Täglich während meines Urlaubs besuche ich den Stein und er »behandelt« mein Knie mit gutem Erfolg.

SCHUTZMEDITATIONEN

Vom Säuglingsalter an werden die Menschen heute durch Impfungen geschützt vor vielerlei Krankheiten. Durch flächendeckende Impfungen sind gefährliche Krankheiten in ihre Schranken gewiesen worden. Die Fähigkeiten der Medizin sind in den letzten hundert Jahren auf den Gebieten des vorbeugenden Schutzes enorm gestiegen. Umso erstaunlicher ist es, wie zurückgeblieben unsere Gesellschaft ist, was den Schutz vor schädigenden Einflüssen aus der Astralebene angeht (s. Teil I, im 5. Kapitel zur 6. Ebene). Diese Einflüsse aus der Gefühlsebene der Menschen und der Natur überfluten uns heute geradezu. Es sind die Ausstrahlungen von Menschen, von Räumen, von Straßen und Städten. Dazu kommt das überschwemmungsartige Angebot aus den Medien, von den Illustrierten bis zum Fernsehen. Jahr für Jahr geht es weiter mit der Ausweitung der Computerinformationen durch Internet, Computerspiele usw. Ein Ende ist nicht abzusehen. Für kurze Zeit sandten die Tamagotchi (kleine eiförmige Computer, die ständig betreut werden müssen, um nicht zu »sterben«) millionenfach ihre absurden astralen Botschaften nach Liebe und Fürsorge aus. Ständig greifen neue Energien, in ein Medienangebot verpackt, nach den Gefühlen der Menschen.

Bei vielen Menschen kommt es durch die schädigenden astralen Einflüsse zu psychischen und körperlichen Leiden. Gerade bei Kindern nimmt diese Ursache für Krankheiten und psychische Störungen immer mehr zu. Deshalb wäre ein Buch über Naturmeditationen unvollständig, wenn es nichts darüber sagen würde, wie wir uns schützen können.

Ich denke, da geht es um dreierlei. Das Erste ist, daß wir die schädigenden Einflüsse, von denen ich gesprochen habe, soweit wie möglich von uns fernhalten. Ich spreche dabei nicht von allgemeiner Stadt- und Medienfeindlichkeit, sondern von einer wachsenden Sensibilität und Eigenverantwortung für das, was uns guttut. Gerade was den TV-Konsum angeht, gibt es wohl keine allgemeinen Regeln. Manche Menschen fühlen sich entspannt, wenn sie ihre Fernsehserien gesehen haben. Andere dagegen spüren sich danach wie leer, wie fremdbestimmt, nicht mehr in ihrer Mitte. Dasselbe gilt von der Benutzung des Computers. Regelmäßiges Meditieren hilft uns, die Reaktionen unseres Körpers und unserer Gefühle deutlicher wahrzunehmen. Natürlich muß dann auch die Disziplin folgen, den Fernseher oder den Computer auszuschalten, wenn sie uns von unserem inneren Frieden entfernen. Denn diese Geräte bzw. die mit ihnen verbundenen Energien üben nicht selten eine suchtartige Anziehung aus. Je mehr wir für uns klären, was wir wollen mit unserem Leben, wohin wir unterwegs sind, umso eher finden wir die Kraft, uns von schädigenden Einflüssen zu trennen.

Es bleiben aber viele energetische Strahlungen übrig, von denen wir uns nicht so einfach distanzieren können. In der Stadt, im Beruf, in unserer Familie sind wir mit ihnen konfrontiert. Und nicht zuletzt müssen wir zusehen, wie unsere Kinder Einflüssen ausgesetzt sind, von denen wir sie nicht ohne Zwang abhalten können. Und was bewirkt der Zwang? Er nährt eine unerfüllte Sehnsucht, die irgendwann auf Erfüllung drängt.

Bevor ich zu den Hilfen komme, die in diesen Fällen Meditation bieten kann, möchte ich ermutigen, sich mit schützenden Gegenständen zu umgeben. Da helfen uns in erster Linie Edelsteine. Schöne, kraftvolle Steine auf unserem Arbeitsplatz, in der Wohnung, als Schmuck können schützend und stabilisierend wirken. Ab und zu legen wir sie in die Sonne und unter fließendes Wasser, damit sie sich wieder reinigen.

Meditative Hilfe kann als Schutz von innen nach außen wirken und als ein äußerer Schutzmantel. Von innen heraus schützend wirkt jede Meditation, die uns in unserer Mitte, in unserer inneren Kraft stärkt. Das heißt, daß ein großer Teil der Meditationen dieses Buches so stabilisierend wirken, daß äußere Einflüsse uns weniger leicht »durchlöchern« können. Dazu beschreibe ich unten eine Meditation »Der Schutz in mir«.

Brauchen wir in einer aktuellen Situation Schutz, so hilft uns ein schützender Lichtmantel. Dazu folgt die Meditation »Lichtmantel«. Zuerst geht es um den Lichtmantel, mit dem ich mich als Person schütze. Danach folgt die Meditation »Lichtmantel für meine Wohnung, mein Haus«. Es ist von hohem Wert für unsere Wohn- und Lebensqualität, wenn wir auf diese Weise die Energien in unserer Wohnung verbessern.

Wir können den Lichtmantel auch aufbauen mit dem folgenden uralten Lichtmantelgebet. Meine Mutter lehrte es mich in meiner Kinderzeit.

Solche Meditationen verwenden wir, bevor wir in eine Situation gehen, die uns schaden könnte. Danach kommt die Meditation »Ich schütze mich«. Sie ist dann angebracht, wenn wir bereits in einer Situation sind, in der etwas auf uns eindringt, was uns unangenehm ist. Das kann z.B. die Ausstrahlung eines Menschen sein, die wir so spüren, als ob er unsere Energie anzapft. Elisabeth Haich schildert in ihrem Buch »Einweihung«, wie sie diese Energien von Menschen, die auf uns eindringen, sehen konnte »wie die Saugarme eines Polypen, sie ziehen aus dem Menschen Kraft heraus.« (a.a.O. S. 96) Es können auch astrale Ausstrahlungen sein, die sich in Innen- oder Außenräumen festgesetzt haben, vor denen wir Schutz brauchen.

Hinzufügen möchte ich, daß es niemals in unserem Leben zwingend ist, in der Rolle des Opfers zu bleiben. Auf dieses Problem gehe ich im zweiten Teil der Meditation »Ich schütze mich« näher ein.

35. Der Schutz in mir

- Komm mit dem Fluß des Atems zu innerer Entspannung.
- Atme in die Erde und dann über Dich hinaus und fühle Deine Verbindung zu Erde und Himmel.
- Nun laß Deine innere Wahrnehmung in Dein Solarplexuschakra im oberen Bauchraum gleiten. Ruhe eine Weile in diesem Raum in Deiner vitalen Kraft.
- Atme in die Erde und laß die Lebenskraft der Erde in Dein Solarplexuschakra aufsteigen. Fühle, wie dieses Zentrum mit der lebendigen Erdenkraft aufgeladen wird.
- Nun nimm das weißgoldene Licht aus kosmischen Höhen durch Dein Kronenchakra auf und laß es in den Solarplexus fließen. Spüre, wie es Dich nährt.
- Atme einige Atemzüge diese Verbindung Deiner vitalen Lebenskraft mit Himmel und Erde. – Frage, welche Farbe diese Kraft, die jetzt Dein Solarplexuschakra erfüllt, am deutlichsten ausdrückt.
- Fülle den Solarplexusraum mit dieser Farbe. Laß sie sich immer mehr verstärken.
- Nun sieh, wie diese Farbenergie sich auszubreiten beginnt. Sie strahlt nach allen Seiten durch deinen Körper. Langsam füllt sie ihn bis in den Schädel, bis in die Zehen. Sie dehnt sich über die Grenzen der Haut hinaus aus bis an die Ränder Deiner Aura.
- Fühle die schützende Kraft des Lichtes in Dir. Du bist geschützt in Deinem Raum, verbunden mit Himmel und Erde.

36. Lichtmantel

- Mit dem Fluß des Atems komm in Deine Mitte, nimm Dich in Deinem Körper wahr.
- Nun hülle Dich in einen Mantel aus weißgoldenem Licht. Sieh, wie er Dich langsam ganz umhüllt, bis er sich unter Dir in der Erde wieder schließt. Du stehst wie in einem Ei aus schützendem Licht.
- Spüre in diesen Lichtmantel. Er schützt Dich vor allem, was Dir Schaden bringen könnte. Du bist von Liebe umhüllt.

37. Lichtmantel für meine Wohnung, mein Haus

- Zentriere Dich in Deiner Mitte.
- Forme um Deine Wohnung eine Hülle aus weißgoldenem Licht, die sie ganz umwölbt und sich unter ihr schließt.
- Atme eine Weile in diesen Lichtmantel und bitte, daß er einen Schutz für deine Wohnung und zugleich eine gute, freundliche Ausstrahlung bildet.
- Nun laß das weißgoldene Licht reinigend durch jeden Raum des Hauses fließen. In den Wohn- und Schlafräumen bitte darum, daß sie gereinigt werden von Negativität und sich mit segensreichen Schwingungen füllen. Durch alle Nebenräume laß das Licht fließen, daß sie gereinigt werden und sich dort keine dunklen Energien sammeln können.
- Grüße alle Elementarwesen, die, auch wenn Du sie nicht siehst, anwesend sind. Lade sie ein, sich mit Dir in der Wohnung wohlzufühlen.

38. Lichtmantel-Gebet

WALL VON KRISTALL ALLÜBERALL
SCHLIESSE DICH RINGS UM MICH
SCHLIESSE EIN MICH IM SEIN
ÜBERWÖLBE MICH ÜBERFORME MICH
LASS NICHTS HEREIN ALS LICHT ALLEIN

39. Ich schütze mich

- Nimm ein paar tiefe Atemzüge und fühle den Lebensstrom in Dir längs der Wirbelsäule auf- und absteigen. Das bringt Dich in Deine Mitte.
- Rufe das weißgoldene Licht: » Komm, schütze mich. Ich brauche Schutz.«
- Stell Dir vor, wie das Licht wie eine Lichtdusche von obenher um Dich fließt.
- Aber nun nimm wahr, daß es mehr ist als einfaches Licht. Es hat die Schärfe eines Diamanten und schneidet im Herabfließen alle äußeren Einflußstränge, die Dich bedrängen, ab.
- Deshalb achte darauf, daß der Lichtmantel Dich rundherum umgibt und sich unter Deinen Füßen ganz schließt. Nun bist Du geborgen.
- Auch innerhalb dieses Mantels ist reinigendes weißgoldenes Licht.
- Fühlst Du noch Reste der belastenden Energien in Deinem Lichtraum? Dann öffne an der Unterseite das Lichtei, wie man einen Stöpsel aus der Flasche zieht. Nun bitte das Licht, alles abfließen zu lassen, was nicht zu Dir gehört. Danach schließe die Öffnung wieder.
- Laß es mit einigen ruhigen Atemzügen ausklingen.

Du kannst die Meditation hier beenden. Wenn Du Zeit und innere Kraft dazu hast, rate ich Dir aber, sie noch weiterzuführen. Das kann je nach Situation auch zu einem späteren Zeitpunkt erfolgen.

Jedes Bedrohungsgefühl drängt uns in die Opferrolle. In dieser Position strahlen wir Angst und/oder Aggression aus. Wir haben in der Meditation die Möglichkeit, diesen Status des bedrohten Opfers wieder zu verlassen. (Siehe dazu auch die Meditation »Friede denen senden, mit denen ich Probleme habe«.)

So geht die Meditation weiter:

- Zentriere Dich in Deinem Herzen, in Deiner Liebeskraft. In diesem Zentrum ruhend kannst Du erkennen, daß der Lichtmantel, mit dem Du Dich umgeben hast, aus Liebesenergie und Heilkraft besteht. Er strahlt Frieden nach innen in Dein Herz und nach außen zu allen Wesen.
- Atme diese Heilkraft und Liebesenergie ein und aus. So trittst Du in den Fluß von Geben und Nehmen ein. Du bekommst gute Energien und gibst sie zugleich an Deine Umgebung ab.

FRIEDE ALLEN WESEN

In den bisherigen Meditationen stand unser eigenes Selbst in seiner Verbindung mit Erde und Himmel im Mittelpunkt unserer Aufmerksamkeit. Nun wenden wir diese Aufmerksamkeit den Menschen zu, mit denen wir zusammenleben. Die folgenden Meditationen sind Anregungen,

- wie wir den Menschen, die wir lieben, gute Energien senden können,
- wie Meditationen dort zu Konfliktlösungen beitragen können, wo wir uns im Umgang mit Menschen schwertun,
- wie wir zum Frieden auf der Erde beitragen können.

Wenn wir bestimmten Menschen gute Energien senden wollen, so müssen wir das mit dem nötigen Respekt tun. Drei grundlegende Regeln sind zu beachten. Wir dürfen nicht ohne die Einwilligung eines Menschen in seine Lebenssphäre eindringen. Manche Menschen können es als störend und unangenehm empfinden, wenn ihnen jemand auf diese Weise zu nahe tritt. Ferner steht es uns nicht zu, aus unserem eigenen Impuls oder unseren Wünschen heraus für andere Menschen konkrete Dinge zu erbitten, etwa Gesundheit, Erfolg oder Veränderungen in ihrem Leben. Solche Wünsche orientieren sich oft an den alten Erfolgs- und Glücksmustern, die uns allenthalben suggeriert werden. Was ich im bisher Gesagten zu vermitteln versucht habe, ist ein anderer Maßstab für unseren Lebensweg. Das Ziel ist unser Wohlergehen, gepaart mit innerem Frieden und Harmonie mit unserer Umwelt. Der Weg dorthin kann nur in uns beginnen. Die äußeren Erfolge sind dann die Ergebnisse eines gelassenen Selbstbewußtseins, das sich geborgen fühlt in einem tiefen Ja zum Leben. Sie können, aber sie müssen nicht identisch sein mit den äußerlich sichtbaren Erfolgen, die gemeinhin als erstrebenswert gelten.

Was wissen wir so gesehen darüber, was für den inneren Weg eines anderen Menschen gut ist, selbst wenn er uns nahesteht? Auch wissen wir nicht, ob er oder sie in die Richtung gehen möchte, die wir eingeschlagen haben. Auch diese Entscheidung zu beeinflussen, also jemanden »bekehren« zu wollen, steht uns nicht zu. Dies sind drei Grundprämissen, die in den folgenden Meditationen beachtet werden. Ich möchte aufzeigen, daß wir trotz dieser respektvollen Zurückhaltung meditative Möglichkeiten haben, unser Verhältnis zu anderen Menschen zu verbessern und ihnen gute Energien zu senden.

Die Farbmeditationen »Ich sende Dir Licht« habe ich von Chris Griscom übernommen. Sie gehen davon aus, daß unser Unbewußtes und das des anderen Menschen genau weiß, welche der heilkräftigen Farben jetzt die beste Wirkung für ihn haben. Eine Deutung der Farben ist nicht nötig. Sie tragen ihre Wirkungskraft in sich.

Meine Lieben segnen

Diese Meditation wirst Du vielleicht an Deine (kurze oder lange) Tagesmeditation anschließen.

Ich möchte zwei Formen des Aussendens von guten Energien vorschlagen. Nach meiner Erfahrung haben sie etwas zu tun mit unserem eigenen Potential an Glaubenskraft. Beginne ich erst damit, die Ströme der lebendigen Lebensenergien in der Medition zu erfahren, so ist die Meditation »Ich sende Dir Licht« leichter zu praktizieren. Fühle ich mich im Einklang mit dem weißgoldenen Licht und den elementaren Kräften so mit Himmel und Erde verbunden, daß ich sie ausströmen lassen kann, ohne leerer zu werden, so ist die Meditation »Ich segne Dich« wiederum einfacher.

Eine weitere Differenzierung nehme ich vor. Darin wird das Bewußtsein unseres Gegenübers berücksichtigt. Sendest Du Licht zu Menschen, die von diesen Meditationen wissen, denen es recht oder sogar sehr willkommen ist, daß Du ihnen gute Energien schickst, dann wähle jeweils die Form I.

Wissen die Menschen nichts von Deinem meditativen Tun, stehen sie dem gar ablehnend gegenüber, so wähle jeweils die Form II. Wenn Du zum Abschluß der jeweils zweiten Meditation sagst bzw. denkst: »Nimm Dir davon, wenn Du willst!« so tue das ohne Vorwurf. Achte darauf, daß Du Dein Gegenüber in seiner geistigen Entwicklung frei läßt.

40. Ich sende Dir Licht I

- Spüre im Fluß des Atems Deine Lebenskraft.
- Verbinde Dich mit dem Strömen aus Himmel und Erde.
- Zentriere Dich in Deinem Herzen und in Deinem Solarplexus (im oberen Bauchraum).
- Visualisiere den Menschen, den Du liebst, Dir gegenüber.
- Frage Dein Gegenüber: »Welche Farbe möchtest Du von mir haben?«
- Sieh oder ahne eine Farbe. Diese Farbe visualisiere nun als einen Strom von Deinem Herzen und Solarplexus zu Deinem Gegenüber. Laß sie sanft fließen und überlasse es der Farbe, sich dort im anderen auszubreiten, wo sie es möchte. Erscheinen mehrere Farben oder wechseln sie, so geh darauf ein.
- Laß es so kurz oder lange fließen, wie es Dir guttut.
- Kehre zu Deinem Atem zurück.

41. Ich sende Dir Licht II

- Spüre im Fluß des Atems Deine Lebenskraft.
- Verbinde Dich mit dem Strömen aus Himmel und Erde.
- Zentriere Dich in Deinem Herzen und in Deinem Solarplexus (im oberen Bauchraum).
- Visualisiere den Menschen, den Du liebst, Dir gegenüber.
- Frag Dein geistiges Selbst: »Welche Farbe würde ihr oder ihm jetzt guttun?«
- Sieh oder ahne eine Farbe.
- Diese Farbe sende als einen Strom aus Deinem Herzen und Solarplexus und stell Dir vor, wie sie sich über dem Menschen wie eine sanfte Wolke niederläßt. So steht sie ihm zur Verfügung, wenn er eine Stärkung haben möchte. Sie wartet wie ein Vorrat, eine Möglichkeit. Sie wirkt als eine gute Kraft in seiner Nähe, ohne seine Intimsphäre zu verletzen.
- Sage zu Deinem Gegenüber: »Nimm Dir davon, wenn Du willst!«

42. Ich segne Dich I

- Spüre im Atmen Deine Lebenskraft.
- Verbinde Dich mit den strömenden Energien aus Himmel und Erde.
- Zentriere Dich in Deinem Herzen.
- Visualisiere den Menschen, den Du liebst, Dir gegenüber.
- Nun hebe Deine Arme und Hände zu einer segnenden Gebärde (konkret oder in Gedanken) und stelle Dir vor, wie aus den Strömen der Erde und des Himmels und Deiner Liebe ein segnender goldener Strom Dein Gegenüber überstrahlt und umfließt.

- Laß es solange fließen, wie Dein Gegenüber es braucht oder wie es sich für Dich gut anfühlt.

43. Ich segne Dich II

- Spüre im Atmen Deine Lebenskraft.
- Verbinde Dich mit den strömenden Energien aus Himmel und Erde.
- Zentriere Dich in Deinem Herzen.
- Visualisiere den Menschen, den Du liebst, Dir gegenüber.
- Nun hebe Deine Arme und Hände zu einer segnenden Gebärde (konkret oder in Gedanken) und stelle Dir vor, wie aus den Strömen der Erde und des Himmels und Deiner Liebe ein segnender goldener Strom zu Deinem Gegenüber fließt und sich über ihr oder ihm wie eine lichte Wolke niederläßt.
- Sage dazu: »Nimm Dir davon, wenn Du möchtest!«

44. Frieden den Menschen senden, mit denen ich Probleme habe

Wenn Meditationen positive und heilende Wirkungen haben, so muß es möglich sein, daß sie uns gerade da unterstützen, wo wir im Alltag oft am meisten belastet sind. Ständig kann es uns passieren, daß wir Probleme mit anderen Menschen haben. Seien es Menschen, mit denen wir eng verbunden sind, oder Vorgesetzte, Kollegen, Nachbarn usw.

Solche Probleme nehmen in unseren Gefühlen manchmal großen Raum ein. Hartnäckig wiederholt unsere innere Stimme die Erinnerung an verletzende Worte und Handlungen, Vorwürfe, Schuldzuweisungen usw. usf. Ich kann auf die Ursachen dieser Probleme hier nicht ausführlich eingehen, denn sie hängen mit unseren tiefen inneren Prozessen, alten Mustern und Verhaftungen zusammen. Therapeutische Bücher und Beratungen vieler Art bieten dafür Hilfe an. Je mehr wir Frieden mit uns selbst finden, umso leichter fällt es uns, andere Menschen zu »ertragen«.

Aber ich möchte ja mit meinen Meditationen dazu beitragen, daß wir jetzt und heute in Frieden leben können und nicht erst, wenn wir all unsere Probleme bewältigt haben.Deshalb füge ich die folgende Meditation an für die Situationen, in denen wir an Menschen leiden, egal, aus welchem Grund. Ich halte sie für sehr wirkungsvoll, wenn wir uns ernsthaft darauf einlassen.

- Komme mit einigen ruhigen Atemzügen in Deine Mitte.
- Spüre, in welchem Bereich Deines Körpers Du den Konflikt mit dem anderen Menschen am stärksten fühlst, im Bauch, im Hals, im Kopf? Gestehe Dir zu, daß diese Verwundung, diese Aggression da ist.
- Laß es dort und zentriere Dich in Deinem Herzen, in Deiner Liebeskraft. Laß Dich ganz darauf ein, in diesem Zentrum zu sein.
- Sprich den uralten, umfassenden Segensspruch in Deinem Innern und visualisiere die Richtungen dabei

  Friede allen Wesen
  im Osten, im Süden,
  im Westen, im Norden,
  Friede allen Wesen in der Höhe
  und in der Tiefe,
  Friede in mir.

- Nun visualisiere Dir gegenüber den Menschen, der Dich belastet, und sprich im Innern mehrmals

  Friede für … (nenne seinen Namen)

Laß alle Gedanken, die Dich in Bezug auf diesen Menschen bewegen, außen vor. Nur einfach konzentriert denken: Friede für …
- Dabei stell Dir vor, daß diese Friedenskraft als sanfte, klare Energie aus Deinem Herzen zu Deinem Gegenüber fließt. Mehr nicht.
- Zum Schluß sei wieder ganz bei Dir. Fühle Dich im Atem mit guten Kräften durchströmt.

Du kannst diese Meditation in Kurzform während deines Alltags einflechten, sobald Du sie brauchst. Nur einfach sagen: Friede allen Wesen. Friede für … und Dir den Friedensstrom vorstellen. Er ist gewissermaßen etwas Unpersönliches. Er kann fließen, auch wenn Du eine, vielleicht sehr berechtigte, Wut auf jemanden hast oder eine tiefe Abneigung spürst. Frieden kannst Du immer senden.

Dieser Entschluß, Frieden zu senden, macht etwas sehr Wichtiges mit uns. Wie mit einem Schalter oder einem Knopfdruck befördern wir uns in eine andere Position. Wir verlassen die Rolle des Opfers und werden zu Menschen, die in der Lage sind, Frieden zu senden. Spürst Du, was das für ein Unterschied ist? Du stärkst Deine inneren Kräfte, die Du brauchst, um langfristig Deine Verhältnisse zu klären. Du bist eine Lichtbringerin, ein Lichtbringer in der Unruhe der Welt.

45. Meine Wohnung ein Friedensort

In der Meditation »Lichtmantel für meine Wohnung« liegt die Möglichkeit, unsere Wohnräume von negativen Einflüssen zu reinigen. Wenn diese negativen Einflüsse von Nachbarn oder Umweltverschmutzungen ausgehen, unter denen wir leiden, so bilden wir den Lichtmantel zu unserem Schutz. Es kann sein, daß wir uns innerhalb dieses Schutzmantels immer noch als Opfer fühlen, bedroht und schutzbedürftig. Wenn das innere Licht und das geistige Selbstbewußtsein in uns sich entwickelt, wächst unser Mut, die Rolle des Opfers in ihren verschiedenen Gestalten aufzugeben. Dazu gehört, daß unsere Wohnung von einer Schutz- und Fluchtburg zu einem Raum wird, der Frieden und Liebeskraft ausstrahlt. Die Meditation, die ich dazu vorschlage, kann gut an eine Alltagsmeditation oder an die Meditation »Lichtmantel für meine Wohnung« angefügt werden. So, wie wir bei vielen Meditationen von der Zentrierung in unserem Herzen ausgehen, wird dafür auch in unserer Wohnung ein Herz- oder Lichtzentrum gebraucht. Wähle den dafür geeigneten Platz aus. Es kann Dein Meditationsplatz sein, eine Kerze, ein besonderer Stein oder ein anderes Symbol.

- Geh in den Raum der inneren Ruhe.
- Verbinde Dich mit den Lebensströmen des Kosmos und der Erde.
- Übertrage nun die Verbindung mit den Strömen aus Himmel und Erde auf das Herzzentrum in Deiner Wohnung.
- Im ruhigen Aus und Ein des Atems stell Dir vor, wie dieses Zentrum durch die Kräfte aus der Höhe und der Tiefe mit Heilkraft und Liebesenergie aufgeladen wird. Von dieser Mitte her wird Deine Wohnung durchströmt. Und das sanfte Licht strahlt über die Grenzen Deines Wohnbereiches hinaus. Wie Licht aus Fenstern eines Hauses leuchtet, in sich ruhend und freundlich, so laß die guten Kräfte, die Dich nähren, als freundliche Aura von Deiner Wohnung ausstrahlen.

FRIEDE FÜR DIE ERDE

Den Abschluß des Buches bilden eine Folge von Meditationen für den Frieden und die Heilung der Welt. Wechsle ich damit etwa das Thema? Gehören solche Meditationen zum Thema dieses Buches? Ich hoffe, aus dem bisher Gesagten ist der Zusammenhang verständlich, daß ich davon überzeugt bin, daß unsere Verantwortung für den Frieden der Welt eine Konsequenz ist aus der Erfahrung, daß wir Teil des Ganzen sind. Als Teil der Menschheit tragen wir bei zur Umweltverschmutzung und zum Unfrieden in der Welt. Unsere westliche Lebensweise ist generell, so bescheiden Du nach ihrem Maßstab auch leben magst, auf Verschwendung von kostbaren Gütern aufgebaut, Verschwendung von Wasser, Wärme und Rohstoffen. Und unser Staat ist politisch und wirtschaftlich beteiligt an der Fortsetzung der Schädigung der Natur, an Ungerechtigkeit und Unterdrückung. Wer von uns kann von sich behaupten, alles getan zu haben, um das zu stoppen?

So verlangt unser wachsender Einklang mit der Natur auch danach, daß wir über das Persönliche hinaus die Kräfte der Heilung und Liebe auf der Erde stärken.

Gedanken sind Kräfte

Als erstes möchte ich etwas dazu sagen, daß sich im Laufe der meditativen Erfahrung unsere Wahrnehmung des öffentlichen Geschehens verändern kann. Die Medien, durch die wir an diesem Geschehen teilnehmen, sind in großem Maßstab darauf ausgerichtet, uns die negativen Seiten des Weltgeschehens nahezubringen. Es ist anscheinend erwiesen, daß die Menschen lieber sensationelle Horrorberichte als friedliche Schilderungen des Lebens erfahren. Ich finde diese Tatsache, und daß das allgemein akzeptiert wird, unglaublich. Diese Überbetonung von Gewalt und destruktiver Aktivität wirkt im Gefühlskörper des kollektiven Bewußtseins wie eine ständige geistige Umweltverschmutzung.

Durch unsere meditativen Erfahrungen können wir nun ein Gefühl für die energetischen Prozesse bekommen, die von dem Wechselspiel zwischen den Medien (z.B. den täglichen Nachrichten, die von vielen Menschen gleichzeitig gesehen und gehört werden) und den menschlichen Gefühlen ausgelöst werden. Wir sind von Energien umgeben und senden selber ständig Energieschwingungen aus. Das bedeutet, daß wir jede Stunde unseres Lebens an dem Energiepotential unserer Umwelt beteiligt sind. Wenn sich unsere Gedanken mit negativem Geschehen beschäftigen, verstärken wir das negative Potential. Wir geben Gedankenkraft und damit Lebensenergie dem, womit wir uns beschäftigen. Wenn uns das klar wird,werden wir aufmerksamer dafür, wieviel Zeit wir u.U. für die Beschäftigung mit der Gewalt- und Leidensseite des Lebens verwenden. Und wir können lernen, das zu vermindern und ein größeres Maß an Gedankenkraft auf die Dinge zu richten, die zu Heilung und Frieden beitragen.

Das muß nicht zum Abschalten gegenüber dem Leid in der Welt führen. Es geht vielmehr darum, daß uns bewußt wird, daß unsere Visualisationen und Gedanken die Zukunft gestalten. Alles, was Menschen machen, haben sie zuvor in ihren Gedanken geformt. Danach folgt der Auftrag an die praktischen Fähigkeiten, es auszuführen. Wieviel Gedankenkraft verwendest Du, um Dir eine Zukunft in Frieden, Harmonie und Gerechtigkeit vorzustellen? Eine nahe Zukunft, in der diese Ziele in Deiner Umgebung angestrebt werden und eine solche Zukunft weltweit? Diesen Anteil gilt es zu vergrößern. Wenn wir in Visionen eine heilende Welt mit liebevolleren Menschen gestalten, unterstützen wir damit die Kräfte der Heilung. Und die ganze Natur jubelt über solche Kräfte, die zur Heilung des kollektiven Bewußtseins der Menschheit beitragen. Solche Heilung ist die Vorbedingung für Veränderungen. Je mehr wir davon ablassen, die Natur mit destruktiver Gedankenkraft zu schädigen, umso besser kann sie ihre Selbstheilungskräfte entfalten und sich von den vielen Schädigungen befreien.

Zu diesem Prozeß der Höherentwicklung des menschlichen Bewußtseins können die Massenmedien durchaus beitragen. Die Tatsache, daß sie uns mit Menschen aus allen Teilen der Welt verbinden, bedeutet nicht nur eine Belastung, sondern ist auch eine Chance. Sie kann, wenn sie auf eine höhere Resonanz in uns trifft, durchaus ein Teil der Höherentwicklung der Menschheit sein. Das geschieht, wenn die Herzenskraft des Mitgefühls in uns angesprochen wird. Dann werden Landes- und Rassengrenzen hinfällig und das Zusammenwachsen zu einer Menschheitsfamilie wird gestärkt. Dafür hat es erfreulicherweise in den letzten Jahrzehnten immer wieder spontane Beweise gegeben. Gerade, während ich dies schreibe, floß eine Welle von Mitgefühl und konkreter Hilfe zu den vom Hochwasser an der Oder Betroffenen. Besonders bewegend ist es, wenn Jugendliche von dieser Regung des Mitgefühls aus ihrer Reserve gelockt werden. Ich erinnere mich an eine Welle der Fürsorge für die Hungernden in Rußland in einem sehr kalten Winter kurz nach der Maueröffnung. Viele Jugendliche gingen von Laden zu Laden und sammelten Hilfsgüter, um zu helfen. Ähnliches geschieht immer wieder, häufig auch, um die Natur zu schützen. Solche Zeichen einer wachsenden Kraft der Liebe im kollektiven Bewußtsein sind von hoher energetischer Bedeutung.

Natürlich können wir uns bei der Flut der Leidensmeldungen nicht ständig mit den Leidenden identifizieren. Aber wenn es geschieht, wenn Dein Herz spricht in betroffener Anteilnahme, dann kannst Du über das passive Mitleid hinausgehend Heilungsenergie aussenden.

Zu diesem Anlaß folgen drei Anleitungen. Zuerst beschreibe ich eine einfache meditative Übung. Du kannst sie wenige Atemzüge lang während einer Fernsehsendung oder der Lektüre der Zeitung einsetzen oder sie weiter ausdehnen.

Dann folgt eine Meditation, die von Marko Pogačnik inspiriert wurde und zuletzt zu diesem speziellen Thema das Gebet »O Sonne der Liebe«. Ich habe es vor Jahren in einem kleinen Foto- und Spruchband gefunden mit der Angabe »Gebet aus Indien«. Dies Gebet trägt einen tiefen Schatz von Weisheit in sich. Es gehört für mich zu den stärksten Kräften der Hilfe für einzelne Menschen wie für große Probleme.

46. Zum Frieden beitragen

- Du hast im Fernsehen oder in der Zeitung menschliches Leid gesehen. Du fühlst eine Verbindung des Mitleids zu diesen Menschen.
- Zentriere Dich in Deinem Herzen. Fühle die Liebeskraft in Dir. Das kannst Du auch durch ein paar Atemzüge verstärken, die Dir helfen, Deine Lebenskraft zu spüren.
- Nun sende den Menschen, zu denen Du diese Verbindung gespürt hast, hilfreiche Energien. Du stellst Dir vor, daß diese Schwingungen wie ein heller goldener Lichtstrom von Liebe und Heilkraft aus Deinem Herzen strömen zu denen, die diese Hilfe brauchen. Sei sicher, der Strom kommt an.

47. Heilung für die gestörten Energien eines Ortes

Die folgende Meditation geht auf einen Text von Marko Pogačnik zurück. Er ist ja Slowene und daher dem traurigen Bruderkrieg und seinen Folgen im ehemaligen Jugoslawien sehr nahe. Deshalb bat er alle seine Freunde, mit ihm für Heilung und Frieden in diesen Ländern zu meditieren. In diese Meditation fließt Marko P.'s reiches Wissen über die feinstofflichen Strukturen der Erde ein. Ich verändere den Text nur insoweit, daß er für alle, leider viel zu vielen, Gebiete gilt, die von schweren Zerrüttungen gezeichnet sind.

Ich möchte dazu ermutigen, daß Du ein oder zwei der Gebiete, die besondere Hilfe brauchen, innerlich adoptierst und ihnen durch eine solche Meditation Hilfe sendest – und sei es auch noch so wenig.

Hier Markos Einleitung:

»Die schlimmsten Folgeerscheinungen von Kriegen, Massakern u.ä. sind, daß die feinstofflichen Kraftmuster des Landes dadurch deformiert worden sind. Die Gleichgewichte werden zerstört, die Kräfte gehen irre, eine immer größere Zahl von Menschen verfällt ihrem Einfluß und verstärkt damit wiederum das entgleiste Kraftmuster, sodaß immer mehr Menschen davon angezogen werden. Es entsteht ein Haßtrieb, der Menschen und Länder in den Abgrund treibt. Sie werden in einem Hexenkreis aufgerieben, der sich schneller und schneller dreht.

Die dringlichste Aufgabe besteht darin, diesen zerstörerischen Kreislauf zu stoppen und die Kräfte so umzuleiten, daß das ursprüngliche Muster wieder aufgebaut werden kann. Dadurch wird der wilde Lauf zur Ruhe gebracht.

Liebe ist die stärkste Kraft, die der Masse der Haßkräfte entgegengesetzt werden kann. Wenn Ihr Eure Liebe aus Eurem Herzen wirken laßt und es in Form der Farbe Grün in einen Brennpunkt des Bösen lenkt, so löst sich etwas von dieser Häßlichkeit, diesem Schleim auf, der die Menschen und Länder beherrscht.«

- Hülle Dich selbst zuerst in einen Schutzmantel aus weißgoldenem Licht, damit Du unbeschadet bleibst von den schädlichen Schwingungen, die Du heilen willst.
- Stell Dir nun vor, daß Du die Erdkugel in Dein Herz nimmst und sie mit Deiner Liebe tränkst.
- Winde grüne Bänder der Liebe um den Planeten.
- Gieße Liebe in den Raum aus.
- Nun sieh das spezielle Gebiet vor Dir, dem Du helfen möchtest. Laß grüne Farbe der Liebe über das Land und über die Menschen fließen. Stelle Dir in positiven Gedanken und Wünschen die heilenden Veränderungen vor, die Du für sie erhoffst.
- Nun hülle das Land und die Menschen in eine Glocke aus violettem Licht. Damit stärkst Du die Kräfte der Transformation, die helfen, die feinstofflichen Landschaftsstrukturen und das menschliche Bewußtsein zum Guten zu verändern.

48. Friedensgebet

O SONNE DER LIEBE
DIE ALLE SCHATTEN DURCHDRINGT
DEINE STRAHLEN SIND STÄRKER
ALS ALLES ÜBEL
DU ERLEUCHTEST DIE GANZE WELT
MITGEFÜHL

DU LICHT DAS DIE HERZEN ERFÜLLT
MIT LIEBEVOLLEM ERBARMEN
ALLE WESEN UMHÜLLST DU
WIE EINE BESCHÜTZENDE WOLKE
MILDER TAU WOHLTÄTIGER REGEN
DU LÖST HASS UND ZWIETRACHT
STREIT UND BITTERKEIT AUF
MITTEN IN DIE WELT DES KÄMPFENS
BRINGST DU O SONNE DER LIEBE
UMFASSENDEN FRIEDEN

49. Eine Kuppel aus heilendem Licht für meinen Wohnort

So wie wir für uns selber meditativ stetig etwas tür unsere Heilung und Stärkung tun können, so können wir das für den Ort, in dem wir leben. Ich beschreibe dazu eine Visualisation, die wir in Kiel von Marko Pogačnik gelernt haben. Sie wird an einem Punkt in der Stadt verankert, der einen energetischen Mittelpunkt darstellt. Wählt den Ort ganz intuitiv. Die Farbe der Kuppeln wird bei der ersten Meditation bestimmt und dann wiederholt visualisiert.

Es ist wünschenswert, daß solche Visualisationen in einer Stadt von einer ganzen Gruppe getragen und regelmäßig durchgeführt werden. Ich bin überzeugt, daß durch sie die Lebensqualität einer Stadt auf allen Gebieten verbessert werden kann; d.h. sie wirken sich auf die Elemente aus, auf Luft, Wasser, Erde und Feuer, und die Menschen können freier atmen. Sie tun den Tieren gut und den Pflanzen, der Verkehrsenergie und dem Bewußtsein der Menschen.

Wiederholt Ihr diese Visualisation regelmäßig, sei es einzeln oder in einer Gruppe, so könnt Ihr vieleicht eines Tages spüren, daß Ihr die Lichtkuppel nicht mehr zu bilden braucht. Sie hat sich so stabilisiert, daß Ihr sie nur stets mit frischem Licht zu füllen braucht.

- Geh konkret oder in der Vorstellung an den Platz, an dem die Lichtkuppel verankert sein soll.
- Stimme Dich ein auf Deinen Atem und auf die Verbindung zur Erde und zu den kosmischen Energien.
- Verstärke die Verbindung zu allem Lebendigen mit der Anrufung: Friede allen Wesen – im Osten – im Süden – im Westen – im Norden – in der Höhe – in der Tiefe – Friede an diesem Ort – Friede in mir.
- (nur bei der ersten Meditation) Frage nun: »Welche Farbe soll diese Lichtkuppel haben?«
- Sieh die Farbe und laß vom Zentrum des Ortes aus eine farbige Lichtsäule in die Erde hineinfließen. Sie fließt tief in die Erde hinein, immer tiefer.
- Nun breitet sich vom unteren Ende der Lichtsäule aus strömendes Licht nach allen Seiten – Es bildet eine Lichtschale, die sich langsam bis an die Ränder der Stadt ausdehnt – Sie hebt sich bis zur Erdoberfläche – Dann wölbt sie sich in die Luft und schließt sich hoch über der Erde zu einer farbigen Lichtkuppel.
- Ruhe in diesem Bild und laß sich das Licht der Kuppel immer mehr verstärken. Es füllt den ganzen Raum der Stadt mit heilendem farbigen Licht.
- Nun geh wieder zum Zentrum des Ortes.
- (nur beim ersten Mal) Frage wieder: »Welche Farbe soll die zweite Lichtkuppel haben?«
- Sieh die Farbe und laß vom Zentrum aus eine Lichtsäule aufwärts steigen. Sie wächst empor bis zum Dach der Lichtkuppel. Dann fließt sie darüber hinaus und ergießt sich als ein Lichtstrom nach allen Seiten als eine zweite Lichthülle über die Stadt.

- Ruhe in diesem Fließen und laß sich das farbige Licht immer mehr verstärken.
- Laß es ausklingen. Wenn Ihr in der Gruppe seid, könnt Ihr Bitten und Segensworte für die Stadt, Lieder und Tänze anschließen.

50. Lied: Strom der Liebe fließt

2. Strom des Friedens fließt.....
3. Strom der Heilung fließt......
4. Strom Hoffnung fließt.........
5. Strom der Freude fließt.......
6. Strom des Lichtes fließt......

51. Lied: Friede breitet sich aus

2. *Friede breitet sich aus. Friede breitet sich aus wie ein Ton voll Hoffnung, voll Hoffnung.*
3. *Friede breitet sich aus. Friede breitet sich aus wie ein Strom voll Liebe, voll Liebe.*

LITERATURVERZEICHNIS

1. Alice Bailey: *Eine Abhandlung über kosmisches Feuer,* Lucis/Karl Rohm
2. Reinhold Schneider: *Der Friede der Welt,* Insel 1956
3. Elisabeth Haich: *Einweihung,* Drei Eichen
4. Chris Griscom: *Die Heilung der Gefühle,* Goldmann
5. dies.: *Quelle des Lebens,* Goldmann
6. Rudolf Kaiser: *Gesang des Regenbogens,* Coppenrath
7. Dolores La Chapelle: *Weisheit der Erde,* Neue Erde
8. Marko Pogačnik: *Elementarwesen,* Knaur esoterik
9. ders.: *Wege der Erdheilung,* Knaur esoterik
10. Michael Roads: *Mit der Natur reden,* Ansata
11. ders.: *Im Reich des Pan,* Ansata
12. Rosemary Rodewald: *Magie, Heilen, Menstruation,* Frauenoffensive
13. Carl Simonton: *Wieder gesund werden,* Rowohlt
14. R. J. Stewart: *Erdlicht,* Heyne
15. Silvia Wallimann: *Mit Engeln beten,* Bauer
16. Ken Wilber: *Mut und Gnade,* Scherz
17. ders.: *Halbzeit der Evolution,* Scherz
18. ders.: *Eros Kosmos Logos,* Krüger
19. Ilse Rendtorff, Hrsg.: *Lieder zur Heilung der Erde,* Eigendruck

Lebensdaten
ILSE RENDTORFF

Foto: Henning Hansen

Jahrgang 1926 – stammt aus einer alten Theologenfamilie – 3 Töchter – Religionslehrerin an Beruflichen Schulen i. R. – leitet das Zentrum für Meditation und Erdheilung »Quelle des Friedens« in Kiel-Kronshagen.

Wichtigste LehrerInnen: Findhorn-Community, Chris Griscom, Marko Pogačnik und Ken Wilber

Hintergrundinformationen

Das Leben von Ilse Rendtorff ist seit ihrer Jugend von einem starken Engagement geprägt, in dem das Spirituelle und das Politische sich begegnen. In ihrer Jugendzeit waren es die Erfahrungen ihrer Familie in der Opposition der Bekennenden Kirche gegen den National-Sozialismus. Später engagierte sie sich in den Reformansätzen der 68er, der Dritte-Welt- und der Friedensbewegung. In einem Prozeß, der auch heute weitergeht, blieb und bleibt sie immer offen für neue Erkenntnisse auf der Suche nach einem umfassenden Frieden. Die intensive Verbindung zur Natur erlebte sie als einen Schlüssel zum inneren Frieden, den sie mit dem altmodischen Wort »einfache Glückseligkeit« auszudrücken versucht. Sie sieht darin zugleich die Grundlage für die Lösung großer gesellschaftlicher Probleme.

In diesem Buch zeigt sie Wege zu Frieden, Heilung und Toleranz, zur Harmonie mit sich selbst, mit der Natur, den Mitmenschen, ja, mit allen lebenden Wesen.

Nachbemerkung des Verlages:

Liebe Leserin, lieber Leser!

Wir hoffen, daß Sie aus diesem Buch wertvolle Anregungen für die Umsetzung in Ihrem täglichen Leben erhalten haben. Das wäre uns jedenfalls der beste Lohn. Ist doch hinter allem wirtschaftlichen Trachten und Überlebenwollen der tiefere Antrieb unserer verlegerischen Arbeit, der NEUEN ERDE zu helfen, Wirklichkeit zu werden. Was NEUE ERDE für uns bedeutet, können Sie aus weiteren Büchern erfahren, die in einer Broschüre ausführlich vorgestellt werden. Sie erhalten diese Broschüre für DM 5,00 in Briefmarken (inkl. Porto), wenn Sie uns schreiben.

Geomantie & Tiefenökologie
Eine Einführung
50 Seiten, durchgehend farbig bebildert.

Neue Erde · Rotenbergstr. 33 · D-66111 Saarbrücken
Fax 0681 - 390 41 02

NEUE ERDE